《3-6岁儿童学习与发展指南》家长导读36讲

3-6 SUI ERTONG XUEXI YU FAZHAN ZHINAN
JIAZHANG DAODU 36 JIANG

赵建新 ◎ 编著

北京师范大学出版集团
BEIJING NORMAL UNIVERSITY PUBLISHING GROUP
北京师范大学出版社

图书在版编目（CIP）数据

《3－6岁儿童学习与发展指南》家长导读36讲/赵建新编著. —北京：北京师范大学出版社， 2017.4（2022.7重印）

ISBN 978-7-303-21970-4

Ⅰ.①3… Ⅱ.①赵… Ⅲ.①幼儿教育－家庭教育－教育方法－指南 Ⅳ.①G781-62

中国版本图书馆CIP数据核字（2017）第020731号

营销中心电话　010-58801892

出版发行：北京师范大学出版社　www.bnupg.com
北京市西城区新街口外大街12－3号
邮政编码：100088

印　　刷：北京溢漾印刷有限公司
经　　销：全国新华书店
开　　本：730 mm×980 mm　1/16
印　　张：14.5
字　　数：227千字
版　　次：2017年4月第1版
印　　次：2022年7月第5次印刷
定　　价：39.80元

策划编辑：张丽娟　　责任编辑：张丽娟
美术编辑：王　蕊　　装帧设计：锋　尚
责任校对：陈　民　　责任印制：乔　宇

前言
Preface

幼儿教育是人生教育的基础，俗话说“三岁看大，七岁看老”，3－6岁的发展对于孩子一生的成长至关重要。幼儿各方面发展应该达到什么样的指标？应该怎样进行教育？年轻的父母十分关心，隔辈老人们也非常关注。长期以来，社会上对幼教政策和幼教理念宣传不够，幼教法律法规多数只是面对幼儿园和幼教工作者。2012年10月，教育部发布了《3－6岁儿童学习与发展指南》（以下简称《指南》）。在《幼儿园教育指导纲要（试行）》的基础上，以最大限度促进3－6岁幼儿学习与发展为目的，提出了一整套幼儿学习与发展的目标体系和教育建议。《指南》内容全面，内涵丰富，目标简明，方法实用，既有利于幼儿教师专业素质的提升，也有助于家长教育理念的更新和家教能力的提高。

《指南》颁行以来，全国各地的幼儿园和广大幼教工作者都开展了对《指南》的学习、研讨活动，也通过各种形式在幼儿家长中宣传、普及《指南》的教育理念。教育部每年5－6月都在全国范围组织开展“学前教育宣传月”活动，广泛传播科学的育儿知识，推动《指南》进一步贯彻落实。本书的编写，目的就在于给广大幼儿家长学习《指南》提供一份系统性、实用性的参考资料，获得更多教育孩子的知识和方法。

本书紧扣《指南》内容，共分36讲，按照《指南》5个领域32个发展目标来编写、阐述。编写方法采用讲座式，力求通俗易懂。每讲分为“《指南》原文”“《指南》导读”“案例分析”“亲子活动”“绘本推荐”五个板块。“《指南》原文”均引用《指南》中的原文；“《指南》导读”是对《指南》的原则、目标以及教育建议所做的扩展性解读，有知识性的内容，但更多还是方法上的提示；“案例分析”是家庭教育中的一些实例和点评；“亲子活动”为家长提供了一些有意义、有趣味的活动和游戏，让孩子体验“玩中乐”“玩中学”，也有利于密切亲子关系；“绘本推荐”则根据导读内容，选择一些富有教育意义和艺术感染力的中外经典绘本介绍给家长和孩子，便于在日常阅读中涵养身心、怡情启智。此外，家长还可以将本书与《指南》以及其他解读《指南》的文章、图书相互参阅，以便收到更好的阅读效果。

教育是家庭、学校、社会密切联系、协调配合的系统工程，其中家庭教育尤为重要。家庭是孩子的第一课堂，在孩子进入学校之前，首先接受的是父母和家人的教育。即使孩子进入了学校，父母对他言行上潜移默化的影响也是多少教师都难以企及的。三年前《人民日报》曾发表一篇评论，提出“教育改革从家长教育开始”，切中肯綮，振聋发聩。

教育部 2015 年 10 月印发的《教育部关于加强家庭教育工作的指导意见》指出：“家庭教育工作开展的如何，关系到孩子的终身发展，关系到千家万户的切身利益，关系到国家和民族的未来。近年来，经过各地不断努力探索，家庭教育工作取得了积极进展，但还存在认识不到位、教育水平不高、相关资源缺乏等问题，导致一些家庭出现了重智轻德、重知轻能、过分宠爱、过高要求等现象，影响了孩子的健康成长和全面发展。”这里提出的问题涉及整个基础教育，也包括幼儿教育领域。在幼儿阶段，家长需要做的不是溺爱娇宠，不是强迫灌输，而是给孩子一个宽松快乐的发展环境，给孩子更多有益的生活体验，培养孩子健康的身心和各方面的良好习惯，给孩子的一生发展打好基础。这就需要家长切实树立学习意识，学习科学的幼教知识，接受先进的教育理念，理解幼儿学习与发展的特点和规律，尊重孩子的个体差异，建立对孩子发展的合理期望，采取适合孩子发展的教育方法，给孩子后继学习提供正向的、广阔的发展空间。

“父母之爱子，当为之计深远”。深远之计，首先体现在学前阶段。希望本书能给各位家长提供一些有益的帮助，也衷心祝愿每一个孩子都能健康、快乐地成长。

编　者

2016 年 6 月

目 录
Contents

第1讲 全面发展很重要

《指南》原文

实施《指南》应把握以下几个方面：

1. 关注幼儿学习与发展的整体性。儿童的发展是一个整体，要注重领域之间、目标之间的相互渗透和整合，促进幼儿身心全面协调发展，而不应片面追求某一方面或几方面的发展。

《指南》导读

幼儿教育并不是简单地为孩子的小学学习做准备，更重要的是为他们一生的健康发展打基础。幼儿将来要长成一个健全的人，绝不仅仅靠他的智力和才艺，更需要健康的身心状态和良好的行为习惯。

在幼儿阶段，全面、和谐的发展十分重要。幼儿的身心发展特点，决定了幼儿园教育不能是中小学的分科教育，而是一种综合的、协调的多领域教育。正如教育部《幼儿园教育指导纲要（试行）》（以下简称《纲要》）中所说："幼儿园的教育内容是全面的、启蒙性的，可以相对划分为健康、语言、社会、科学、艺术等五个领域，也可作其他不同的划分。各领域的内容相互渗透，从不同的角度促进幼儿情感、态度、能力、知识、技能等方面的发展。"

依据《纲要》的意见，《指南》选择上述五个教育领域分解各项指标，构建了幼儿学习与发展目标的基本结构。旨在通过五大领域的学习，实现幼儿全面、协调的发展。无论幼儿园教育还是家庭教育，都要注意这五个方面的协调融合，不能单独强调某个方面，也不能把各方面的发展孤立、割裂开来。特别是要避免过分关注幼儿智力发展而忽视身体素质和心理素质发展的错误倾向。

五大领域的划分源于我国著名教育家陈鹤琴先生的幼教课程理论。陈鹤琴先生曾将这五个领域的活动比作五个手指，他说："五指活动的五指，是生长在儿童的手掌上的……可以伸缩，互相联系。依据儿童身心的发展，在儿童生活中结成一个教育的网，有组织有系统，合理地编织在儿童的生活中。"《指南》中五大领域的11个子领域32个目标，尽管是分开表述，但是通读过后仔细体味，就会发现它们其实是一个有机的整体。比如，健康是一个人生存的基础，没有健康的身体就谈不上各领域的学习。而语言是重要的学习工具，语言发展有问题，就会影响到对各领域的学习理解。社会领域的学习是幼儿成长的基本途径，科学是幼儿探索自然、发展思维的重要手段，艺术是幼儿精神活动的重要表现，等等。

各领域的具体目标同样具有内在的联系。比如，在科学领域目标"具有初步的探究能力"中的"探究中能与他人合作与交流"，与社会领域目标"愿意与人交往"中的"喜欢和小朋友一起玩""有问题愿意向别人请教"，以及语言领域"愿意讲话并能清楚表达"目标中的"愿意与人交谈，喜欢谈论自己感兴趣的问题""讲述比较连贯"等要求是相一致的。

《纲要》中要求，"教育活动内容的组织应充分考虑幼儿的学习特点和认识规律，各领域的内容要有机联系，相互渗透，注重综合性、趣味性、活动性，寓教育于生活、游戏之中。"幼儿园是这样，家庭教育也同样如此。比如，在社会领域，家长要多带孩子接触不同的人际环境，让孩子学会适应各种场合，明了各种场合的规则，认识、接触不同的人。还要多带孩子到户外活动，接触大自然，这样既提高了孩子适应季节、天气变化的能力，又培养了其活泼、快乐、勇敢的性格，更从幼儿时期就开阔了眼界，实在是一举多得。在艺术领域，家长应该做的不是简单地给孩子报什么兴趣班，更重要的是要创造条件，让孩子"喜欢自然界与生活中美的事物"，培养孩子的兴趣爱好，

“喜欢欣赏多种多样的艺术形式和作品”，多带孩子去剧院、音乐厅、美术馆、博物馆欣赏文艺表演和艺术作品等。

案例分析

还给孩子一个快乐的童年

女儿朵朵还没出生，我就开始规划她的未来。7个月起开始识字，家里所有的家具都贴上了汉字标签；从《三字经》《千字文》到唐诗，我一字一句地教她背诵。朵朵的记忆力非常好，背得又快又准。这令我骄傲不已。可等到她3岁，问题却来了：她太安静了，同龄孩子都在外面玩，她却一个人在角落里看书。这让我开始反思：我的操之过急会不会毁掉她本该快乐的童年？我小时候和小伙伴那样快乐无忧地玩耍，和神奇的大自然亲密接触……哪有什么早教？哪里认得什么字？现在我不是也很好吗？我决定改变，不再强迫朵朵额外学太多知识，每天看着朵朵自由、开心的笑脸，我感到无比知足。

童年生活本来应该是快乐的，可很多家长却认为：千万不能让孩子输在起跑线上。因此很多孩子从一出生就踏上了“抢跑之旅”，学识字、学计算、背英语、练钢琴……背负了成人过多的期望。这种以牺牲孩子幸福快乐为代价的“抢跑”其实是十分有害的。可喜的是，案例中的妈妈迷途知返，及时“放弃”，让女儿回归到快乐童年。

亲子活动

踩“老鼠”

1. 活动目标：训练幼儿下肢动作的灵敏性和协调性，提高幼儿动手制作能力，体验和家长一起游戏带来的快乐。

2. 活动准备：袜子一只，绳子一根，橡皮筋若干。

3. 活动方法：(1) 家长和孩子一起用袜子来制作小老鼠：把碎布塞进袜子里装满，使“老鼠”的肚子鼓鼓的。在袜子前端用橡皮筋系出“老鼠”的两只小耳朵，再用橡皮筋系住袜子尾部，“小老鼠”就做好了。再系上一根绳子，就可以做游戏了。(2) 家长拉着绳子的一头不断地抽动或跑动，使“老鼠”在地上跳动，让孩子想办法踩到“老鼠”。

4. 注意事项：开始的时候家长可以放慢速度，让孩子踩到“老鼠”，有些成就感，然后再逐渐提高难度。也可以变换角色，让孩子拉着“老鼠”跑，家长来踩“老鼠”，以训练孩子跑和躲闪的能力。

绘本推荐

《田鼠阿佛》

秋天到了，小田鼠们都在忙着为过冬采集食物，玉米啦、坚果啦、干稻草啦……可田鼠阿佛却独自坐在一旁，并告诉大家他也在工作，只不过在采集另外一些东西。漫长而寒冷的冬天到了，到处灰蒙蒙一片，食物慢慢被大家吃光了，话也没啥可说的了。这时，阿佛拿出了他“采集”的那些东西：阳光、颜色和词语……阿佛给小田鼠们讲起了美丽的故事，讲起了蓝色的长春花，黄色麦田里的红罂粟，草莓丛里的绿叶子，还别出心裁地把四只小田鼠编成了小春鼠、小夏鼠、小秋鼠、小冬鼠。小田鼠们鼓掌喝彩，他们说：“阿佛，你是个诗人哪，真想不到!”阿佛脸红了，害羞地说：“是的，我知道。”

第2讲
个性发展很珍贵

《指南》原文

2. 尊重幼儿发展的个体差异。幼儿的发展是一个持续、渐进的过程，同时也表现出一定的阶段性特征。每个幼儿在沿着相似进程发展的过程中，各自的发展速度和到达某一水平的时间不完全相同。要充分理解和尊重幼儿发展进程中的个别差异，支持和引导他们从原有水平向更高水平发展，按照自身的速度和方式到达《指南》所呈现的发展“阶梯”，切忌用一把“尺子”衡量所有幼儿。

《指南》导读

如果说幼儿全面、和谐的发展非常重要，那么其个性发展就显得尤为珍贵。

世界上没有两片完全相同的叶子，人也是一样。梁山泊一百单八将长相不同，红楼梦十二金钗性格各异，即使孪生兄弟也会有细微的不同。这就是人类社会的特点。在世界上，人不是靠共性生活，而是靠个性立足。英国教育家斯宾塞说：“个性是一个人最大的需要和最大的保障。”只有具有鲜明的个性，人才能有感情、有活力，才能自主发展、创造创新。

我们可以要求孩子全面发展，但不能要求孩子一致发展。教育的目的就是培养人的个性。从根本上说，教育更在于求异，而不在于趋同。教育部新修订的《幼儿园工作规程》中就去掉了过去提出的幼儿园日常生活组织中的“一致性”原则。1989 年底联合国大会通过的《儿童权利公约》第 29 条规定，教育儿童的目的之一就是“最充分地发展儿童的个性、才智和身心能力”。《纲要》中要求，“幼儿园教育应尊重幼儿的人格和权利，尊重幼儿身心发展的规律和学习特点，以游戏为基本活动，保教并重，关注个别差异，促进每个幼儿富有个性的发展。”

《指南》指出：“幼儿的发展是一个持续、渐进的过程，同时也表现出一定的阶段性特征。”也就是说，幼儿是通过不停的“量变”来发展的，“量变”积累到一定程度才会到达一个新的阶段。由于不同阶段幼儿在发展水平上的不同，决不能超越发展阶段强迫幼儿过早地去达到下一阶段的目标。一些家长所追求的“早期教育”就是违背了这一规律，不是从幼儿的身心特点出发，而是为了追求一时的光鲜，盲目灌输那些小学化的知识。表面来看是为了让孩子“赢在起跑线”，到小学时产生一种“先发优势”，但结果却往往事与愿违，影响了孩子一生的健康成长。

幼儿的发展总的来说是持续渐进的，但由于各种原因，也有可能出现起伏或者一时的退步，这也是正常的表现。因此，家长要耐心等待孩子的成长，不能急躁，不能强迫，要多观察、多分析，给孩子的成长提供有益的支持。同时，每个幼儿又有各自的特点，其发展水平、发展速度、特长表现各有不同。比如，有的孩子偏重记忆，有的孩子偏重思考；有的孩子喜欢独自探究，有的孩子喜欢合作学习；有的孩子语言表达能力强些，有的孩子动作表达能力强些，等等。家长不能追求一致，限制、强迫。对幼儿表现出的特长和潜能优势要注意发现和培养，给他们提供环境，创造条件，发展优势，取长补短，使他成为最好的自己。在这方面，多元智能理论可以给家长很多启示。多元智能理论认为，人有八个方面的智能，即语言智能、数理逻辑智能、音乐智能、视觉空间智能、身体运动智能、自省智能、人际交流智能和自然观察智能。多元智能理论启示我们：每个人的智力不同，表现各异，可能在这方面突出，也可能在那方面优秀。所以不能看到孩子一时或某一方面的表现，就简单地给孩子贴上“聪明”和“愚笨”的标签，或者过早地断定孩子数学不好、语言不行。我们应该对所有的孩子都抱有热切的成长期望，充分尊重每个孩子的智力特点，同时根据其特点因材施教。让每个孩子都做最好的自己，使所有孩子都能充分发挥自己的潜能，得到最大程度地发展。

《指南》提出不同年龄的发展指标，是针对大多数幼儿来说的，是一个指导性、参考性的指标。因此，家长不能把《指南》当作一个固定的标准或标尺，要求所有幼儿在所有方面都无一例外地达标。《纲要》指出，

要“承认和关注幼儿的个体差异，避免用划一的标准评价不同的幼儿，在幼儿面前慎用横向的比较”。这一点非常重要。不顾幼儿的个体差异，错误地强求统一化、齐步走，只能对幼儿身心造成伤害。而很多家长非常容易犯的毛病就是把自己孩子跟别人家的孩子做比较，特别是忽视自己孩子的长处，把孩子的弱点跟他人的强项相比。这种做法对孩子是极不恰当、极不公平的。它不但违背了客观规律，还可能会使孩子之间产生敌对情绪，打击孩子的自尊心、自信心。长此以往，孩子可能真的会越来越丑、越来越笨、破罐破摔、不求上进。因此我们要提倡使用“纵向比较”，以发展的眼光来看待孩子，多肯定孩子的优点，多表扬孩子的进步，让孩子在轻松、快乐的环境中成长。

案例分析

强迫学习不可取

在长途车上，我曾经看到一位妈妈带着一个四五岁的男孩。妈妈看上去非常耐心，不停地给孩子提问题、讲知识，看到什么讲什么，但很多知识都超出了孩子的理解力，结果孩子一点表情都没有，很不耐烦。还有一次在新华书店的绘本馆，我看到一个爸爸也是不厌其烦地给四五岁的小女孩讲故事，一本接一本，讲得口干舌燥。但从孩子呆滞的目光看出来，她早就听烦了。

这些情况下，妈妈爸爸的心情可以理解，其耐心程度也值得赞赏，但是这种教育方式并不可取。“满堂灌”“填鸭式”的教育方法对中小学生都不适当，何况是对四五岁的孩子呢？对孩子的教育要看时机，要看孩子的意愿，还要有相互的问答交流，不能采取这种生硬的、强迫的教育。否则，不仅剥夺了孩子自我成长的机会，还会影响和谐的亲子关系。

亲子活动

送羽毛回“家”

1．活动目标：训练幼儿肺活量，培养竞争意识。

2．活动准备：筷子四根，羽毛若干根。

3．活动方法：(1) 家长用四根筷子在桌子中央围成一个正方形作为“家”。然后引导孩子用嘴把桌子上的羽毛小心地吹回“家”。每次吹一根羽毛，成功一次得一分。(2) 孩子熟悉了游戏的方法后，可以跟家长比赛。家长和孩子分别坐在桌子的一头，把自己一边的羽毛吹回“家”。两人分别吹，看谁吹回“家”的羽毛多。

4．注意事项：羽毛一定要落入筷子围成的正方形内，过界或者压到了筷子都不能得分。关键是要轻轻吹气，不能把羽毛吹飞。进入筷子组成的“家”时，最好让羽毛低低地飘起来飘进“家”里。

绘本推荐

《世界上最大的房子》

小蜗牛想拥有世界上最大的房子，他发现了能让自己房子长大的办法，还让房子长出了尖角和花纹，可是，这最大的房子最终却给自己带来了沉重的负担。而当有一天，这个世界上最大的房子碎掉了，小蜗牛又带着自己小巧的房子上路去旅游。这时候小蜗牛轻松了，他看到了多彩的世界，清晨的露珠、柔嫩的花蕾和红底圆点的蘑菇……小蜗牛快乐极了。让孩子学会认识自己，懂得欣赏自己，带着适合自己的“小房子”去走世界吧！

第3讲
要让孩子“玩中学”

《指南》原文

3. 理解幼儿的学习方式和特点。幼儿的学习是以直接经验为基础，在游戏和日常生活中进行的。要珍视游戏和生活的独特价值，创设丰富的教育环境，合理安排一日生活，最大限度地支持和满足幼儿通过直接感知、实际操作和亲身体验获取经验的需要，严禁“拔苗助长”式的超前教育和强化训练。

《指南》导读

通常说到“学习”，人们往往跟看书、听课、写作业联系起来。一些年轻的父母经常抱怨，孩子不爱看书、不爱学习、不记事儿，在幼儿园里坐不住。这是不了解幼儿的特点。幼儿的学习，无论方式还是内容，都与中小学生有明显的区别。幼儿的学习形式是活泼的，不是固定的，幼儿的学习内容是广泛的，不是局部的。幼儿的学习，主要不是通过书本、通过课堂、通过抽象记忆来实现，而是通过大量的实际操作，亲身体验，模仿、感知、探究，不断积累经验，不断修正错误，逐步形成自己的理解能力和知识结构的。在婴儿阶段，孩子吃手、咬东西是在用嘴来感知物体；再大一点，看到东西就抓、拍、拧、摔，那是在用手来感知物体……其实幼儿自己的学习，才往往是真正的、主动的学习。请问：孩子说话是谁教会的，走路是谁教会的？很多词语没人教，爸爸妈妈都奇怪孩子用得好；很多歌曲没人教，孩子也比大人唱得好，这说明什么？说明孩子天生就是好学的，也是会学习的。

现代儿童教育学认为：幼儿的学习，是通过自己特有的方式与周围环境互动的过程，是幼儿主动探索周围的社会环境、自然环境和物质世界的过程。这个“自己特有的方式”简单归纳为一个字，就是“玩”。跟自己玩、跟大人玩、跟小伙伴玩，家里玩、外面玩……在玩中体验，在玩中学习，这样才能得到更多的知识，培养更强的能力。很多人长大以后，都会饶有兴味地回忆起童年的那些游戏给自己带来的快乐和收获。

1. 家长要放手让孩子自己玩。孩子天生爱玩，“玩中学”是幼儿最好的学习方式，也是最有意义的学习。当孩子专心自己玩的时候，家长尽量不要去打扰他。有的孩子一件东西可以玩半天，肯定是他认为很有趣、值得玩。所以只要孩子玩不烦，就尽量不要去打断。有的男孩可以把一件玩具拆了装、装了拆，有的女孩可以把娃娃的小辫子编了拆、拆了编，这些正体现了孩子学习中的专注。再有，孩子都是喜欢亲近大自然的，因此孩子玩土、玩水、玩泥，家长不要嫌脏怕累去阻止孩子，而应该满足他们的兴趣和好奇心。很多家长认为只有从玩具柜台买回来的才是玩具，其实对于孩子来说，只要喜欢玩的，路边的石子、沙土、树叶、木块，身边的果核、杂豆、纸盒、冰棍棒等很多东西都是最好的玩具。而那些现成的昂贵玩具，有时反倒会限制孩子想象力和创造性的发挥。

2. 家长要做孩子的第一个玩伴。陈鹤琴先生在《家庭教育》一书中讲到家庭教育的11个原则，其中一条就是“做父亲的应当同小孩子做伴侣”。他还讲：“小孩子是生来好动的，以游戏为生命的。要知多运动，多强健；多游戏，多快乐；多经验，多学识，多思想。”童年时期，父母给孩子最有价值的礼物大概就是两种：做游戏和讲故事。现在幼教图书和网上有很多亲子游戏，尽可以拿来跟孩子一起玩。特别是年轻的爸爸，不管工作多忙多累，每天都要抽出一定时间跟孩子玩，以交流沟通、密切亲

情。亲子游戏有很多种，涉及幼儿教育的不同领域。比如，有的侧重语言，有的侧重运动，有的侧重生活，有的侧重认知，有的侧重艺术等。跟孩子做游戏，一要注意平等。这个时候需要放下父母的架子，像孩子的大哥

哥大姐姐一样去引导孩子玩。只有在游戏中和孩子结成平等的玩伴关系，孩子才会喜欢你、亲近你、信服你。在玩的过程中要注意观察和倾听，让孩子感受到你对他的关注和爱意，让他更乐于表现自己。二要注意年龄。并不是所有游戏都适合任何年龄阶段的幼儿，父母要选择适合孩子年龄特点的游戏，考虑到孩子的活动能力。三要注意规则。游戏之前先要把规则讲给孩子，让他从小树立一种规则意识。比如，让孩子控制好游戏时间，不能没完没了地玩，更不能因为玩而影响吃饭、睡觉；游戏结束了引导孩子收拾玩具，物归原处；手和脸玩脏了要洗干净，等等。角色游戏能够激发孩子的想象力和表现力，在这种有人物、有情节的情景中“入境”，孩子会非常开心，也会大有收获。父母要精心选择一些适合亲子活动的角色游戏，也可以把一些小故事“改编”成游戏。角色可以是人，也可以是物；一个人可以扮演一个角色，也可以通过声音、头饰等变换不同的角色。

3. 家长要鼓励孩子找小伙伴玩。交友是幼儿走入社会的第一步，要培养孩子主动与人交往的意识。孩子将来主要是跟同龄人打交道，所以从小就要创造条件给孩子“找伴”。亲朋好友的孩子、街坊四邻、房前楼后年龄相仿的孩子，都可以成为自己孩子的玩伴。父母要多带孩子到有小伙伴的家庭去玩，也要鼓励孩子带小伙伴来自己家玩。孩子如果喜静不喜动，家长更要做好引导。每周至少两三次带孩子到外面去玩，去小区里孩子多的地方，还有广场和游乐场等地方，让孩子和同龄的小伙伴多接触。在日常生活中，父母既要以身作则，热情真诚待人，还要教给孩子交往的技能和行为方法，教育孩子与同伴友好相处。要教育孩子懂得谦让，尊重别人，帮助别人，善于理解和原谅别人。当孩子出现错误行为时，不能漠视，不能袒护，要平静地给孩子讲清道理，并勇敢地承担责任。

4. 不能让电脑变成孩子的玩伴。现在很多家长特别是年轻的父母对孩子缺乏应有的耐心，只顾自己玩，忽视了孩子的健康成长。不少父母把自己的育儿责任推给双方家长，甚至把很多应该属于亲子活动的时间一股脑推给身边那些电子产品：电视、手机、电脑……有的爸爸妈妈虽然在陪孩子，但不是陪着看书、做游戏，而是陪着看电视、玩电脑。这样长此以往，孩子失去了亲情的滋养，就会变得孤独、冷漠，容易患有“电脑综合征”，甚至视力下降、关节损伤、颈椎扭曲，严重影响身心的健康发展。这是非常可怕的。

案例分析

帮助孩子走向勇敢自信

儿子豆豆在上幼儿园之前，白天由保姆带，中午、晚上我们自己带，周六日和老人在一起时间居多。上幼儿园后，我发现每次放学后，豆豆总是选择操场上画有“小迷宫”“跳房子”“小螺旋”等很简单的区域玩，从来不去玩滑梯、吊桥、攀爬架之类的游戏设施。有几次我试图引导孩子去玩滑梯，可豆豆总是说“今天不想玩”，就走开了。老师也反映他很少与小朋友们交流，性格偏于内向。但豆豆在家里却是活泼好动，爱说爱笑，和幼儿园截然相反。我没有去批评孩子，而是认真地反思，我想主要是当初保姆带孩子怕出危险，对孩子有一定的束缚，孩子做事情“放不开”。跟父母和其他小朋友在一起玩的时间又太少，缺少安全感和沟通的机会，产生了胆怯的心理。认识到了这一点，我们就利用一切时间多陪伴孩子，让他能充分感受到父母的爱；尽量创造条件，给孩子更轻松愉快的环境，引导他充分表达自己；让孩子与小朋友多接触，鼓励他主动交流；利用假期带孩子出游，或周边踏青，或长途旅行，增长见识。渐渐地，我们发现豆豆开始有了变化。在幼儿园里，一点点尝试攀爬架、玩滑梯、荡秋千等其他以前从不碰触的游戏设施，并能融入其他小朋友的队伍，排着队有序完成；从在班级里不愿参加游戏表演到去电视台参加“萌宝宝”展演活动……我看到他心里那颗勇敢自信的种子正在慢慢发芽。

其实，孩子骨子里都是愿意活动、乐于尝试的，只是父母和家人给了孩子过多的束缚。作为家长，在给孩子树立好榜样的同时，要尽可能多地陪伴孩子，并且积极引导他勇敢、自信地去完成自己想做的事情，肯定他进步的表现。只有给孩子更大的发展空间，孩子才能更加快乐、健康地成长。

（案例由家长昝朝静提供）

亲子活动

真神啦！

1. 活动目的：锻炼幼儿的思维能力和表达能力。

2. 活动准备：先与孩子共处一段时间。

3. 活动方法：先让孩子心里想一个人，这个人必须是你和孩子都很熟悉的，但不说出来。然后，你给孩子提出各种有关这个人的问题。孩子只能用“是”和“不是”来回答。比如：“这人是男的吗?”“不是。”“她是小孩吗?”“不是。”“你每天在哪里能见到?”“上幼儿园能见到。”“那就是幼儿园老师啦!”“对，妈妈太神啦!”若在10个问题内，你能问出孩子心里想的人就算赢，否则算输；然后由孩子来提问，你来回答，让孩子去猜。

4. 注意事项：这个游戏可以由易到难，反复进行。根据孩子的年龄和阅历，从身边的人说起，发展到故事中的人、名人等。有时因为孩子的说法错误而对方猜错，游戏结束后要帮孩子分析，引导他正确表述。

绘本推荐

《雪人》

冬天，孩子们都盼着下雪。下雪有什么好？下雪可以堆雪人。堆雪人有什么用？堆雪人不光好玩，更可以引发孩子无穷的想象。《雪人》里的雪人居然活了，还跟少年成了好朋友，带少年飞到天上去玩耍，还跟少年共进烛光晚餐……这个故事真是太温暖、太迷人了。

第4讲 学习品质保长远（一）

《指南》原文

4. 重视幼儿的学习品质。幼儿在活动过程中表现出的积极态度和良好行为倾向是终身学习与发展所必需的宝贵品质。要充分尊重和保护幼儿的好奇心和学习兴趣，帮助幼儿逐步养成积极主动、认真专注、不怕困难、敢于探究和尝试、乐于想象和创造等良好学习品质。忽视幼儿学习品质培养，单纯追求知识技能学习的做法是短视而有害的。

《指南》导读

幼儿教育是基础教育的基础。在2001年教育部颁布的《基础教育课程改革纲要（试行）》中，对培养学生良好的学习品质提出了明确的要求。《指南》中所讲的学习品质，主要指学习态度和行为习惯，其中涉及好奇心、注意力、想象力、创造力、学习兴趣、主动意识、探究精神等。目前，忽视学习品质培养在幼儿教育领域，无论是幼儿园方面还是家长方面都还有很大的市场。诚然，学习品质往往不像知识那样外显，但它却是学习知识不可或缺的前提。新修订的《幼儿园工作规程》中就提出要培养幼儿"勤学、好问"的良好习惯。只有在幼儿阶段把爱学习、爱思考、主动、坚持、专注、负责任等良好的品质培养出来，孩子才可以在将来的发展中形成健全的人格和终身学习的能力。

注意力

注意力是幼儿学习的基本能力，是学习品质中重要的组成部分，是幼儿以后学习和获得成功的重要因素。只有先注意到某一事物，才有可能进一步去观察、分析和思考。注意力指的是能够把各种感觉较长时间集中到某一事物上，达到认识事物的目的。注意力集中、稳定的孩子，往往智力发展较好，而注意力不集中、不稳定的孩子，往往智力发展较差。

孩子的注意力跟年龄发育有关。心理学家认为，3 岁孩子注意力集中的时间为 3—5 分钟，4 岁时可以发展到 10 分钟，5—6 岁则可以达到 15 分钟左右。而且每个孩子在不同的情况下，注意力的表现也是不同的。培养孩子注意力，首先要从实际出发。孩子的年龄不同、专注程度和兴趣爱好不同，注意力也会有不同的表现。所以不能一概而论，过高要求。不要安排那些明显超出孩子能力的活动，不要奢望孩子一下子就把注意力提到多高。要多观察孩子的表现，关注孩子的兴趣。如果是孩子感兴趣的活动，不妨让他多玩一会儿。如果一种活动时间过长或者孩子已经厌烦，就要考虑变换活动内容和形式。孩子情绪不好时难以集中注意力，对此父母要随时留意，给以安抚。有些游戏像拼图、编织、穿珠子、拍球数数等，对于培养专注力很有帮助，家长可以鼓励孩子玩，还可以抽时间跟孩子一起玩。规律的作息时间对于孩子的身心健康和良好习惯的养成非常重要，所以家长要对孩子活动的时间安排进行必要的控制，特别要保证充足的睡眠，以保证白天孩子良好的精神状态。

环境对于人的注意力有很大影响。孩子的观察力、注意力固然需要刺激，但过多的刺激就是干扰或伤害。所以，儿童房的色彩不要太强烈、太复杂，墙壁上的图画也不要太多太乱，有些材料可以根据年龄特点去放置。特别要防止从孩子一两岁就在墙壁上张贴那些拼音、识字的图画。玩具当然可以多一些，但地上、桌上、床上不要一下放得太多，以免孩子分心或者影响睡眠。可以放在玩具箱中，每次只取一两件来玩，玩后及时复位。

父母是孩子的榜样。要培养孩子专心，就要从自己做起。让孩子专心吃饭，父母吃饭时就应该尽量少交谈、不争论，不看电视、不玩手机。让孩子专注学习，父母也要做出学习的样子，同时不要随意打扰孩子。电视、电脑、手机是丰富多彩的多媒体工具，变化节奏很快，当孩子习惯了既快速又强烈的声光刺激之后，自然就很难对静态的学习产生兴趣，不容易静下心来看书和思考。因此，家长必须限制孩子对电子产品的使用时间。根据孩子的不同年龄，连续注视的时间要控制在30－40分钟。即使有孩子非常喜欢的电视节目和电脑游戏，也要事先做好约定，到了时间就要停止。不能养成孩子不停换台找动画片，看完一集再看一集；不停玩游戏，玩完一关再闯一关的毛病。当然，为了给孩子做好榜样，父母在这方面也要以身作则，对自己的一些习惯有所控制。

好奇心

好奇心是人类的天性，是幼儿成长中最为宝贵的学习品质。童年时期的好奇和探究的欲望，可能对他们长大以后的创造力产生很大影响。当婴儿刚刚睁开双眼看到陌生的世界，就对周围产生了好奇，就开始了对新事物求知、探索的过程。这是他主动学习的开始。随着年龄的增长和语言能力的发展，孩子开始进入“问题期”，不仅提出“是什么”，而且爱问“为什么”。

好奇心虽然是天然的，但还是需要诱导和发展。要不断给孩子以新鲜的刺激，创造发现问题的情境。家长可以提供多样的图画书，自制和购买玩具，带孩子外出游玩等。要支持他们收集自己喜欢的东西，如小石头、树叶、贝壳、画片等，不经孩子同意不要把他们收集的东西随便扔掉。当孩子还没有发现问题的时候，可以给他们设计悬念，提一些台阶式的小问题，引导孩子由浅入深、由小到大地去分析、去发现。一旦孩子提问，父母就要积极地应对，以亲切、耐心的态度来回答，但这种回答并不一定是告诉问题的答案。孩子的问题总有你说不好、答不了或者不便答的。即便你知道，也不要急于给孩子提供答案，而要耐心地点拨。有些问题不一定用语言回答，可以用动作、用实验来答复，验证他们的猜测，激发孩子们继续探索的兴趣。家长实在答不出的问题要老老实实地承认，可以带孩子一起去查资料，或者通过问别人来寻求解决。这正可以引导孩子养成在书中寻找知识、遇事向别人请教的好习惯。需要注意的是，家长对孩子的问题千万不能表现出任何搪塞和厌烦的态度。即使孩子提问不当也不能斥责，诸如“哪来这么多问题？烦不烦呢？”“自己去想，别问我！”“我不知道，别问了！”“等你长大就知道了！”这些回答不仅会让孩子生厌，更重要的是会磨灭孩子难得的探索精神和创造能力。

好奇心有时可以带来“破坏力”，给周围的物体和环境带来一些损害，家长对此要有正确的态度。遇事要冷静、宽容，要肯定多数孩子只是为了满足好奇心而不是有意破坏，不要大呼小叫吓唬孩子。对有些会造成“破坏”的情况事先要有所预防，可以告诉孩子活动的规则和后果，以避免出现大的事故。好奇心虽然是兴趣的起点，但它最初毕竟还显得宽泛、短暂。因此，家长要多想办法，多鼓励孩子，有意识地把孩子的好奇心引导成为强烈的求知欲和主动探究的兴趣。

案例分析

组装玩具练耐性

我儿子6岁，从小跟爷爷奶奶长大，生活中大大小小的事都由着性子来。他做什么事都是坐不长、站不住的，一点耐心都没有，就连吃饭也是边吃边玩，注意力非常不集中。眼看就要上小学了，做父母的怎能不着急呀！我暗下决心，一定要及早改掉儿子这个坏毛病。前段儿子过生日，老公特地从南方寄来生日礼物。儿子拆开邮包一看，里面不是什么坦克、军舰，而是一袋袋的零部件。儿子用疑惑的眼神瞅着我。“这些都是零部件，想要完整的坦克、军舰，必须自己组装。”儿子从未见过“散装”玩具，拿过一袋坦克的零件摆弄了几下，就失望地扔在了地上。我故意问儿子：“想玩坦克了吧，想玩就要有耐心。你先看妈妈怎么组装，然后你也组装一个呗？”儿子早就急着玩了，立刻答应下来。我参照说明，细心摆弄那些小零件，小心谨慎地组装着。儿子坐在身旁，目不转睛地看着我的每一个动作，大概七八分钟，儿子竟然一动不动。坦克终于组装成功，儿子马上高兴地玩起来。我因势利导，让儿子看图再组装一艘军舰。儿子挺感兴趣，灵巧的小手小心地摆弄着一个个细小的零件，我不时地指点帮忙，并夸奖儿子的聪明。十几分钟过去，军舰初具形状。擦着儿子脸上的汗珠，我提醒儿子别急，要有耐心。又过了足有 5 分钟，军舰终于在儿子手中组装成功。我使劲亲了一口儿子！我想儿子不是真的坐不住，而是对有些事情没兴趣，才失去了耐心和注意力。接下来，我把剩下的 8 个玩具郑重地交给儿子组装，每天组装一个。玩具每天不同，儿子每天都有新鲜感。这样，每天吃完晚饭，儿子便主动拿出一袋零部件耐心组装起来。整整 8 天，每天一坐就是十几分钟，表现出了从未有过的耐心和专注。

孩子的注意力要从幼儿阶段开始培养。由于兴趣的不同，孩子注意力的指向也有不同。父母要耐心地、巧妙地创设训练注意力的环境，使孩子在浓厚的兴趣中慢慢养成专注的习惯。培养孩子的耐心，首先家长要有耐心，耐心地陪伴孩子，耐心地指导孩子，积极地鼓励孩子。只要训练方法得当，就一定会有良好的效果。

（案例由家长袁俊梅提供）

亲子活动

哪些东西动过了

1. 活动目的：训练幼儿的观察力，帮助他们学会整理自己的空间。

2. 活动准备：一个属于孩子自己的天地（事先约定）。

3. 活动方法：早上孩子去了幼儿园。妈妈可以把孩子的小天地（房间或活动区角）重新布置一下。例如，把枕巾换条新的，把床头的洋娃娃变成大狗熊，把孩子的水杯换成大一号的，把玩乱的玩具摆放整齐……孩子回来后让他查看哪些东西动过了，什么地方有了变化。

4. 注意事项：(1) 如果孩子的东西收拾得不够整齐，正可以借此来引导孩子。等孩子发现变化后，妈妈可以问：你看这样摆放、这样收拾是不是更好呢？(2) 不要用过于细微的变化故意为难孩子。

绘本推荐

《一个不能没有礼物的日子》

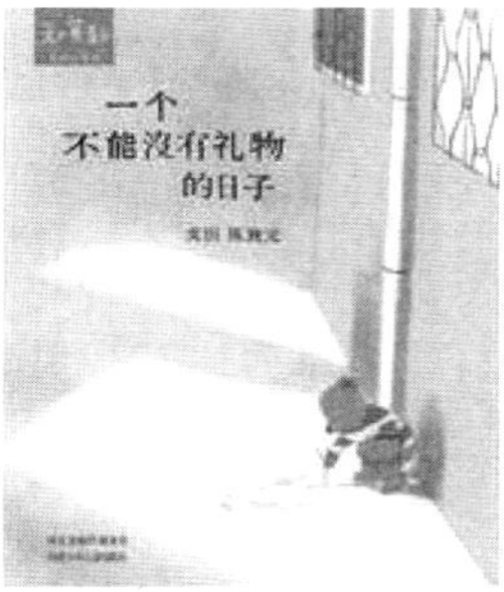

圣诞节到了，可小熊一家没有钱买礼物。那怎么办？熊妈妈用旧衣服做了一些吊饰，熊爸爸出门找来树枝，想为家人做一棵圣诞树。圣诞节的早晨，熊妈妈、熊爸爸、熊哥哥、熊姐姐都在圣诞树下惊喜地发现了属于自己的礼物。这礼物是谁送的呢？小朋友，你注意到书里的小熊都做了些什么吗？答案就在小熊身上。

第5讲
学习品质保长远（二）

想 象 力

想象力是人们在头脑中已经储存的材料基础上进行加工改造形成新形象的过程，这一过程的特点就是创造。古希腊哲学家亚里士多德说：“想象力是发明、发现及其他创造活动的源泉。”大科学家爱因斯坦有一句名言“想象力比知识更重要”，因为知识是有限的，而想象力是无限的。幼儿期正是想象力最丰富、最活跃的时期。他们有时会把听到的歌曲杂糅唱在一起，或者哼唱一些自编的谁也听不懂的曲子；大人看幼儿的画可能看不懂，但他们自己却能给出一些新奇的解释。孩子们都喜欢玩“过家家”的游戏，这个游戏的“导演”几乎都是孩子，而且没有“编剧”。“剧本”和“剧情”都是根据他们的生活经历自我想象而成，他们会玩得特别投入、特别开心。这一切都体现出幼儿时期旺盛的想象力，而这种想象力正是需要家长小心地加以保护的。

培养孩子的想象力，首先要给自由。在宽松、自由、快乐的环境中，孩子的想象力才能尽情地激发和展现。大自然最能激发人的想象力，因此家长要多带孩子到大自然中去游玩、去观察、去探索，让蓝天白云、高山大海、森林草原等成为孩子想象的丰富素材。其次是给条件。比如，给孩子购买一些开放性、富于变化的玩具，跟孩子一起欣赏优美的图书、音乐、美术作品，带孩子去博物馆、去美术馆、看儿童剧、看科普展览

等。给孩子讲故事的时候，可以鼓励孩子猜想下一步将要发生的事情，也可以让孩子续编故事。听音乐时可以让孩子根据音乐猜情境、谈感受。最后是给帮助。家长不必帮孩子去想象，但要尽量抽时间陪孩子一起玩，跟孩子一起放松、一起交流、一起畅想。一般说来，家长的想象没有孩子丰富、奇特，所以想象力不是大人教给孩子的，而是孩子教给大人，大人和孩子一起提高的。

主动性

主动性是不用给外部压力就能积极思考、积极行动的学习品质。德国教育家第斯多惠说过："教育的最高目标就是激发主动性，培养独立性。"大多数孩子都是具有主动意识的，发展这种主动意识、培养孩子的主动能力则是家长和老师的任务。发现孩子主动参与、主动探索、主动适应、主动交往等行为倾向，家长要及时肯定、夸奖，让孩子这一良好习惯得以巩固、发展。但是很多家长溺爱包办思想严重，凡是大人能做的都帮孩子做，孩子体现出主动精神的时候却加以压制。比如，孩子自己想穿衣服不让他穿，想做家务的时候不让他做。久而久之，孩子的主动意识就会削弱，而父母往往在孩子长大后又埋怨孩子太懒。

主动性需要在与人交往的过程中加以培养。家长要让孩子多见人、多经事，支持孩子与亲朋好友来往，鼓励他交朋友，同时教给他一些交往的技巧。要告诉孩子交往是互相的，说话不能光等别人来问，游戏不能光等别人来请。有的家长犯有"知识至上"的毛病，对孩子的主动性有片面认识。发现孩子主动看书认字就高兴，发现孩子主动与人交往就说"要贫嘴"，发现孩子主动帮大人做家务就说"没出息"。实际上家长的这种想法才真的是"没出息"。孩子在不同领域的主动表现都是在主动学习，都是非常可贵的。不同领域之间是可以相互融通、相互促进的，况且孩子在不同时段可能表现出对不同领域的兴趣，家长不能强求一致。

主动性需要在和谐宽松的环境中来发展。有的家长处处拿自己孩子跟别的孩子比，生怕孩子落后。对孩子的教育不是启发、引导，而是絮叨、指责，在这种紧张压抑的气氛中孩子很难进行积极主动的思考。所以家长应该讲究说话技巧，学会观察、学会等待。当然，孩子的心理特点各有不同。有的孩子显得被动、胆小，遇事退缩逃避，这其实也有很多原因，多数还是父母教育不当。即使是对天性懦弱、独立性差的孩子，也不能操之过急，切忌简单粗暴、过度保护、批评贬低、包办代替。有的时候，父母越是“能耐”、越是“强势”，孩子往往就会变得越“窝囊”无能。

计划性

计划性是一个良好的行为习惯，往往决定事情的成功与否。我们常常说某人做事“有谱”或者“没谱”，这个“谱”就是做事的计划和思路。计划性强的人，做事情从容不迫、有板有眼、事半功倍；计划性差的人，会手忙脚乱、拿东忘西、事倍功半。很多家长认为，幼儿做事不必那么较真，想玩啥就玩啥，想怎么玩就怎么玩。其实计划意识要从小锻炼。如果有意识地培养和引导，孩子说话办事的条理性、自律性就会增强，生活能力就会提高。有专家指出，4 岁的孩子应该懂得有计划地让生活和学习更好地进行，早晨起床后应该明白穿衣盥洗的程序，做游戏的时候应该知道先玩什么后玩什么；5 岁的孩子玩游戏时会知道预先定出简单的规则和分工，能够在督促下控制自己的行为；6 岁的孩子能够与成人一起制订简单的生活计划，基本养成按计划行动的习惯。对于学前儿童来说，计划意识既是学习主动性的表现，也是有良好学习习惯的表现。

一是要创造有条理的家庭环境。家里的各种物品要摆放整齐，衣物、厨具不能随意乱放，使用完毕后要放归原处。父母要鼓励孩子自己动手收拾玩具、图书，即使孩子显得“笨手笨脚”，也不要着急、斥责，而要耐心等待，及时表扬。让孩子有规律地作息，家长也要遵守，不要熬夜赖床，不能让孩子睡觉前老见不到父母。经常提醒孩子做事的程序，先做什么、后做什么，如何做到最好。节假日带孩子外出，可以事先让孩子参与讨论，提出意见，先去哪里后去哪里，如何去、去了做些什么等。孩子过年过节的压岁钱，也可以引导孩子做一个使用计划，不能随意乱花。凡事跟孩子一起商量、策划，孩子说的有道理就肯定，同时表扬鼓励，如果说的不合适，则应该一起分析，力求计划合理。另外，对孩子做事还可以采取“限时办结”的办法，经过一段时间的锻炼，就会提高孩子的计划性和办事效率。

二是把握好幼儿秩序敏感期。著名教育家蒙台梭利在《童年的秘密》一书中提出了幼儿存在“秩序敏感期”的观点：“儿童的秩序感是一种心灵的需要，当它得到满足时，就会给儿童带来快乐。这其实也是一个人能够适应环境，能够在所有的细节方面支配环境的表现。”幼儿的“秩序敏感期”为培养孩子的秩序感和计划性提供了一个难得的契机。因此，家长就要认真观察、捕捉孩子的这一特点，顺势而为。从日常生活中的细节入手教育孩子，比如，进门前先脱鞋，然后换上拖鞋，再将脱下的鞋放好；洗脚前先把拖鞋和毛巾准备好，洗好之后要洗好袜子、放好毛巾，倒掉洗脚水等。到公共场所要自觉遵守相应的规章制度，比如，乘坐公交要先下后上、文明礼让；游览公园不要攀折花木、践踏草坪；在游乐场玩滑梯时要有先有后，不推不挤；观看电影不乱扔果核、大声喧哗等。让孩子懂得社会生活中有各种秩序规则，自觉遵守是光荣的，而违反规则是不道德和耻辱的。

案例分析

没长性的君君

6岁的君君是个兴趣广泛的小男孩，什么都想干，但经常是这个没干完，又去干下一个，结果什么事也没干好。妈妈发现君君做事有些盲目，缺乏目的性和持久性，总是想做什么就做什么，累了就放弃，从不坚持到底，这很让妈妈伤脑筋。一个周末，邻居家跟君君同岁的蓬蓬来君君家玩，两人比赛搭积木。蓬蓬不急不慌地将积木一块一块往上搭，积木越搭越高。君君可没这个耐心，一会儿就不耐烦了。他随随便便地搭，积木接连垮倒，最后羡慕地看着蓬蓬搭的“高塔”发呆。

幼儿的注意力和持久力较差，注意一个物品或一件事情的时间有限。

家长可以通过一些游戏训练孩子的注意力，另外也可以把一件事情分解为几步，让孩子一步步完成以激发孩子的成就感。有的孩子抗挫折能力差，面对困难容易放弃。对此，家长不能遇事包办代替，要抓住教育的契机，让孩子感受困难、尝试挫折、接受失败，引导和鼓励孩子积极寻求解决问题的办法。用积木搭“高楼”，用小木片摆“多米诺骨牌”，都是很好的训练方式，家长可以跟孩子一起操作、训练，一边引导帮助，一边支持鼓励，从简单做起，逐渐增加难度，以提高克服困难的勇气。经过坚持不懈的努力，最终是会成功的。

小女孩的超市“清单”

昨天我去逛超市，一位年轻妈妈带着小女儿走在我前边。那孩子四五岁的样子，说话很流利。进超市以后，年轻妈妈的一句话引起了我的注意。她跟女儿说：“咱们的清单呢？照着纸条上的一样一样选吧。”我瞟了一眼孩子手里的纸条，发现上面有字也有图标。我觉得好奇，就一边买东西一边悄悄跟在后面。妈妈推着购物车，小女孩先到牛奶货架前挑了几盒酸奶，还让妈妈帮着看日期。妈妈说：“看看还买什么？”小女孩拿着“清单”看了看说：“酱油、盐，还有我的小水壶。”母女俩买完后走向收款台，这时女孩又从旁边货架上拿下一盒巧克力。可妈妈说：“今天我们没准备买巧克力。再说你没吃过这样子的，不好吃就浪费了，先放回去吧。”小女孩只好把巧克力放回了原处。

父母经常带孩子到超市购物，但多数都是简单地让孩子跟着转。这个案例中的妈妈，却把购物作为培养孩子计划性、主动性的大好时机。事先跟孩子一起拟定购物“清单”，到了超市又让孩子按照“清单”引领妈妈一起购物。没有列入“清单”或者一时没有考虑好的就先不买。这样做起来，有的家长可能会觉得很麻烦、没必要。其实，这不光体现了大人的严谨有序，更有益于孩子生活能力的提高。

亲子活动

我用线绳来画画

1. 活动目的：培养幼儿的想象能力。

2. 活动准备：一米长的绳子若干根，注意要有良好的柔软性。

3. 活动方法：用绳子作画，类似于画“一笔画”。妈妈爸爸可以首先用绳子围出一个图形，让孩子看像什么东西。然后让孩子围出一个，妈妈爸爸来猜。接下来可以各自围出不同的图形，看谁围得多、围得像，也可以做“组合画”。大人先围出一个图形，孩子在这个基础上再围，最后形成一个组合图形。这个游戏，孩子一旦入门，就会感到其乐无穷。

4. 注意事项：活动可以从一些简单的构图开始，如三角形、花朵、鸭子等，一些较为复杂的图形可以让孩子先画在纸上，再用绳子来“创作”。孩子的“作品”有时候大人看不出来是啥，这不要紧，可以让孩子来解释。只要他说得有道理，即使不太像也要给予肯定。

绘本推荐

《小黑鱼》

大海的一个角落里住着一群小鱼，大家都是红色的，只有一条鱼是黑色的。一天，一只凶猛的金枪鱼一口吞掉了所有的小红鱼，只有小黑鱼逃走了。他孤身在海里游荡，遇到了很多稀奇古怪的生命：海鳗、章鱼、水母、龙虾。在这里，小黑鱼又遇到一群小红鱼，他们怕被大鱼吃掉，躲在礁石后不敢出来。小黑鱼想了个好办法，教他们游成大鱼的样子，而自己来当眼睛。他们快乐地游啊游，把贪吃的大鱼都吓跑了。

第6讲
健康体态要保护

促进身心健康发展是幼儿阶段的首要任务。《纲要》明确指出“幼儿园必须把保护幼儿的生命和促进幼儿的健康放在工作的首位”。幼儿园五大教育领域中，“健康”也是居于首位的。

对于幼儿健康，《指南》指出：“健康是指人在身体、心理和社会适应方面的良好状态。幼儿阶段是儿童身体发育和机能发育极为迅速的时期，也是形成安全感和乐观态度的重要阶段。发育良好的身体、愉快的情绪、强健的体质、协调的动作、良好的生活习惯和基本生活能力是幼儿身心健康的重要标志，也是其他领域学习与发展的基础。”家长应该明确幼儿健康教育的全部内容和要求，采取恰当有效的方法，促进幼儿健康成长。

《指南》将3—6岁幼儿健康领域学习与发展的内容划分为“身心状况”“动作发展”“生活习惯与生活能力”三个子领域。每个子领域下，又对若干具体目标作了描述。

《指南》原文

（一）身心状况

目标1　具有健康的体态

3—4岁	4—5岁	5—6岁
1. 身高和体重适宜。 参考标准： 男孩： 身高94.9—111.7厘米， 体重12.7—21.2公斤。 女孩： 身高94.1—111.3厘米， 体重12.3—21.5公斤。	1. 身高和体重适宜。 参考标准： 男孩： 身高100.7—119.2厘米， 体重14.1—24.2公斤。 女孩： 身高99.9—118.9厘米， 体重13.7—24.9公斤。	1. 身高和体重适宜。 参考标准： 男孩： 身高106.1—125.8厘米， 体重15.9—27.1公斤。 女孩： 身高104.9—125.4厘米， 体重15.3—27.8公斤。

续表

3—4 岁	4—5 岁	5—6 岁
2. 在提醒下能自然坐直、站直。	2. 在提醒下能保持正确的站、坐和行走姿势。	2. 经常保持正确的站、坐和行走姿势。

《指南》导读

身高和体重是评价幼儿生长发育最重要的形态指标。《指南》围绕“具有健康的体态”，提出了3—6岁各年龄段幼儿身高、体重的参照标准，以及在站、坐、行走等方面的典型表现。其中幼儿各年龄段身高、体重的参考数据，来源于2006年世界卫生组织推荐使用的儿童体格发育标准。

定期测量身高则可以了解幼儿全身生长的水平和速度，测量体重可以了解幼儿的生长发育和营养状况。如今，大部分家长都很注意孩子的身高和体重，并常常将自己孩子与身边同龄的孩子做比较。相比之下，认为自己的孩子长得慢的家长总会表现出不同程度的焦急，而那些看孩子身高和体重增长较快的父母，总觉得这是好事，认为这代表了孩子身体状况好，但其实不然。幼儿时期，如果个头长得太快，也许是营养过剩，最终还有可能变得比同龄人矮；如果体重增长过快，会容易长成“小胖墩”。所以，家长应定期带孩子做健康检查，3—6岁的幼儿每年应该检查一次。其实，身高和体重只要控制在一定范围，都是没有问题的。

俗话说“站有站相，坐有坐相”。3—6岁是幼儿身体形态和身体姿势发育、形成的重要时期。这个时期，幼儿各个器官均未定型，骨骼硬度小、弹性强、不容易骨折断裂，但却很容易变形。如果幼儿长时间身体姿势不正确，就会影响到幼儿身体形态的正常发育，引发幼儿脊柱异常弯曲，形成驼背、脊柱侧弯等病症，严重时还会引起身体其他方面的疾患。所以，应该从小培养幼儿养成良好的站姿、坐姿和行走姿势，以免造成不良的后果。

如何保证幼儿有一个健康的体态呢？《指南》给家长提出了以下几方面建议：

1. 为幼儿提供营养丰富、健康的饮食。幼儿正处在长脑、长身体的阶段，需要各种矿物质和维生素，家长可以参照《中国孕期、哺乳期妇女和0—6岁儿童膳食指南》和《常见食物营养成分表》。要鼓励幼儿多吃谷物、蔬菜、水果、肉、奶、蛋、豆制品等多样化的食物，注意各种营养的均衡搭配，尽量少吃煎炸、烧烤、腌制的食品。鼓励幼儿多喝白开水，少喝果汁、咖啡和碳酸饮料，少吃甜食、西式快餐和奶油制品，特别要避免给孩子吃那些可能含有激素、引发幼儿性早熟的食品。常喝碳酸饮料不仅损害牙齿，还会造成发胖、肾损伤、糖尿病、骨质疏松等很多疾病。所以，家长一定要从小管住孩子，不能由着孩子性子来，防止“病从口入”。主食最好搭配一定量的粗粮（当然做法可以讲究一些），以保证人体需要的矿物质。此外，还要多吃水果以补充维生素的需求。钙元素对幼儿成长非常重要，缺钙会得佝偻病和发育不良，因此家长要及时为孩子补钙。补钙的重点不是吃钙片和含钙营养品，而是补充含钙多的食物。有必要的话，也可以补充一些维生素。随着生活水平的提高，肥胖儿童越来越多，有些已经变成了肥胖症。家长给幼儿增加营养的时候一定要注意不要过量，避免营养过剩而导致疾病。这里要提醒家长的是，切不可因为工作忙而忽略了幼儿的营养，特别是要尽可能自己做早餐，少去外面摊点买。进餐要有规律，吃过饭后就不要再喂零食了，不能养成孩子“随时吃随便吃”和“零食为主正餐为辅”的习惯。

2. 保证幼儿充足的睡眠，养成早睡早起的好习惯。睡眠对于幼儿不单纯是休息的需要，更是促进身体发育的催化剂。科学研究证实，儿童在熟睡时比清醒时生长速度要快三倍。身体发育不良或个子矮小的儿童分泌的生长激素少于正常儿童，其中相当一部分是幼儿睡眠不足所致。所以，要想发育好，长得高，睡眠必须充足。幼儿每天睡眠时间应不少于11—12小时，其中午睡时间要在2小时左右。当然，随着年龄

和季节的不同，幼儿午睡时间也可略有不同。晚上不要睡得太晚，一般来说9点以后就要入睡。

3. 注意幼儿体态，帮助形成正确的姿势。坐的时候身体要端正，脚自然平放；走路时身体应挺直，双脚平行，不猫腰低头走路，也不要左右摇摆。一旦发现有八字脚、罗圈腿、驼背等骨骼发育异常的情况，应及时就医矫治。在这方面家长首先应该姿势正确，给孩子起到示范作用。

4. 为幼儿提供适合身体的桌、椅和床。孩子最好睡硬板床，不要睡软床，保持仰卧或右侧卧睡姿较好，以免脊椎发育受到影响。家里如果给孩子购置桌椅，一定要注意桌椅高度与身高相适宜，椅子的高度以幼儿写、画时双脚能自然着地、大腿基本水平为宜；桌子的高度以写、画时身体能坐直，不驼背、不耸肩为宜。要提醒孩子在书写时保持正确的姿势，如身体要坐正，双眼与书本保持适当距离，不躺着、侧着看书等。

5. 鼓励幼儿积极参加体育锻炼。适量的运动有助于幼儿肌肉和骨骼的生长。如跳绳有利于手脚协调，抛接球能提高动作的灵巧性等。在家里，家长可以准备一些适合孩子运动的活动器械，放在孩子随手可拿的地方，多陪孩子做身体运动，还要鼓励孩子多做一些力所能及的家务。尽量减少孩子与电视、电脑相伴，保证幼儿每天不少于2小时的室外游戏和运动。

6. 每年为幼儿进行健康检查。现代医学研究发现，很多疾病都开始于儿童早期，如早熟、肥胖症、高血压、冠心病、糖尿病等。因此，家长一定要坚持每年为幼儿进行健康检查。一般说来，定期检查的必查项目包括：测量身高、体重、心率、血压、血色素、视力、听力等，检查咽部、口腔、牙齿、皮肤、心肺、肝脾、脊柱、四肢等，丙氨酸氨基转移酶检测、血红蛋白检测。此外，还有一些选查的项目，如微量元素、铅中毒、碱磷酶、碘检测、乙肝等，家长可视幼儿具体情况来选择。

案例分析

多多好好吃饭了

多多刚上幼儿园不久，老师就发现他一个毛病：正餐不好好吃。吃午饭时，多多的饭菜不论多少，总会剩下。有时剩半碗米饭，有时剩半个花卷。经过与家长交谈，知道了问题的原因是从小在家里没有养成良好的就餐习惯。家里到处都是孩子的零食，多多想吃就吃，到吃饭的时候，多多只是在大人的催促下随便吃几口，剩饭剩菜是常事。

了解了这些情况，老师与多多的父母积极沟通，提出了改进的建议。经过家长和老师一段时间的引导，多多在家不乱吃零食了，好好吃饭了，剩饭剩菜的现象也减少了。

这个案例中，多多吃饭的不良习惯主要是在家里养成的。饮食习惯是最基本的生活习惯。这个习惯养不好，不仅会影响到孩子的身体健康，也会影响孩子的全面发展。饮食不是小事，“小处不可随便”。因此家长既要爱孩子，又要管孩子，在日常饮食等各方面给孩子“立规矩”，让孩子从小养成好习惯。

儿子不穿“黑皮靴”

妈妈从商场给儿子买了一双漂亮的黑皮靴，一进家就说，“儿子快把脚上的运动鞋脱下，换上妈妈给你买的小皮靴。”儿子在妈妈的催促下勉强换上了新鞋。可第二天早上，儿子没听妈妈的话，又穿上了有点褪色的运动鞋。连续几天，妈妈和儿子都因为穿新鞋还是穿旧鞋的问题闹别扭。周末聚会，妈妈再次要求儿子穿上新鞋，结果母子大战开始了。妈妈给穿上几次，儿子就脱下几次。最后妈妈很生气，儿子也大哭起来，妈妈一气之下把运动鞋扔出了老远。后来，妈妈就此事跟幼儿园老师做了沟通。妈妈生气地说：“多好看的靴子，好几百块钱呢，我狠狠心才买下的，儿子真是气死我了。”老师说：“您和孩子的想法不同，您看中的是鞋子的款式，孩子看中的是鞋子的舒适与否。因为运动鞋更便于孩子玩耍，又轻便又跟脚，靴子穿着沉、鞋帮又高，孩子不舒服才闹。”妈妈说：“噢，我明白了，原来是我没考虑孩子的切身感受。”

给孩子买鞋也有很多学问，不能光大人看着好看，重要的是孩子要穿着舒服。要选择适合孩子的鞋。家长可以带孩子去鞋店，观赏鞋子的多种款式、了解鞋子的多种用途，欣赏的同时挑选让孩子既喜欢又舒适的鞋子，不能强硬地让孩子接受大人的选择。孩子再小也是有自己想法和看法的独立的人，不能强人所难。尊重孩子就是要了解孩子的年龄特点，理解他们的行为与表现，从孩子的所需所想所爱出发，提供适合他们的生活条件和成长空间。

亲子活动

小兔赛跑

1. 活动目的：通过活动训练孩子的平衡能力、跳跃速度和腿部力量。

2. 活动准备：两个皮球，适宜的场地。

3. 活动方法：（1）父母在地上画好一段5—6米的距离。（2）父亲和孩子每人用脚踝夹住一个皮球，跳跃前进，看谁先到终点。

4. 注意事项：（1）皮球不好夹住，活动训练刚开始时可以用小沙包代替。（2）距离视孩子具体情况调整。

绘本推荐

《肚子里有个火车站》

小朋友，你知道吗？你的肚子里其实是有一个小火车站的。那里面有很多绿色的小精灵天天为你服务。他们把你吃下的食物捣碎，还在里面加上消化液，让食物变成泥，装上小火车，进入昏暗弯曲的隧道。隧道的壁上有不少管子，它们伸进车厢，从里面的泥中吸收营养，然后再把营养送到血液中。小精灵们很勤劳，可有时候他们也会生你的气，向你提出抗议，那你的肚子可就受罪了。怎样跟这些小精灵友好相处呢？那就来看看《肚子里有个火车站》这本图画书吧！

（廊坊市直第一幼儿园副园长郑宏伟及特级教师王大扣、廊坊市直第二幼儿园特级教师刘娟参与编写）

第7讲

健康心态要关爱

《指南》原文

（一）身心状况

目标2　情绪安定愉快

3—4岁	4—5岁	5—6岁
1. 情绪比较稳定，很少因一点小事哭闹不止。 2. 有比较强烈的情绪反应时，能在成人的安抚下逐渐平静下来。	1. 经常保持愉快的情绪，不高兴时能较快缓解。 2. 有比较强烈情绪反应时，能在成人提醒下逐渐平静下来。 3. 愿意把自己的情绪告诉亲近的人，一起分享快乐或求得安慰。	1. 经常保持愉快的情绪。知道引起自己某种情绪的原因，并努力缓解。 2. 表达情绪的方式比较适度，不乱发脾气。 3. 能随着活动的需要转换情绪和注意。

《指南》导读

健康，不仅表现在身体的健康，也表现在心理的健康。心态好坏是幼儿心理健康的晴雨表，积极的心态是幼儿心理健康的重要标志。1948年，世界卫生组织在成立宣言中提出："健康是指身体、心理和社会适应的健全状态，而不仅是没有疾病和虚弱的现象。"教育部新修订的《幼儿园工作规程》在健康领域的保教目标中，增加了"促进心理健康"的要求。在第四章"幼儿园的卫生保健"中，也增加了"幼儿园应当关注幼儿心理健康，注重满足幼儿的发展需要，保持幼儿积极的情绪状态，让幼儿感受到尊重和接纳"的条款。在家庭教育中，家长同样要培养孩子健康的心态。

《指南》在"身心状况"子领域下，着眼于"在快乐的童年生活中获得有益于身心发展的经验”（《幼儿园教育指导纲要（试行）》），对3—6岁幼儿“情绪安定愉快”提出了具体的参考目标。

“安定”是指平静、稳定的心态。俗话说：“六月天，孩儿脸，说变就变。”1—3岁孩子的情绪非常不稳定，经常因为环境的变化和大人的态度而哭闹，有些时候家长也搞不懂为什么。到了3—4岁，孩子的情绪开始变得稳定，不会再因为一点小事号啕大哭。4—5岁的孩子，自我情绪体验和自我控制能力开始增强，外来刺激引发的情绪冲动逐渐减少，在成人的引导下逐渐学会控制不良情绪。5—6岁的孩子，情绪日渐成熟，表现情绪的方式就比较适度了，不会乱发脾气。

“愉快”的同义词有高兴、快乐、开心等，是一种非常健康的情绪感受。我们祝福别人常说“祝你天天都有好心情”。幼儿正处于天真烂漫的年代，不像成年人有那么多的忧虑。4—5岁的孩子每天都能够保持愉快的心情，洋溢灿烂的笑容，快乐地跟小伙伴玩耍，偶尔有不高兴的事也会很快忘到脑后。到了5—6岁，孩子更加活泼、开朗，能够以积极乐观的心态对待身边的人和事，而且有了初步的情绪调节能力，能够较快地自我缓解不良情绪。

作为家长，应该怎样使孩子保持安定、愉快的心态呢？

1. 给孩子做出好榜样。轻松、和谐的心理环境，容易让幼儿形成安全感和信赖感。因此，在日常生活中，家长要保持良好的情绪状态，以积极、愉快的情绪影响幼儿。成人的脾气各不相同，但对待孩子尽量不要发脾气；成人的情绪有好有坏，但在家里要尽量保持平稳。家庭成员不要吵闹，也不要把外边生的气带回家里，撒在家人和孩子身上。父母有了高兴的事情，要跟家人和孩子分享；父母有了不高兴的事情，如果孩子可以理解就不必隐瞒，可以简单地跟孩子说明，这可以从小培养孩子对大人的理解和体贴。

2. 帮孩子排解不良情绪。家长要培养孩子积极乐观的情绪，引导孩子关注快乐的事，体会“愉快”心情带来的好处。从幼儿园回来，家长可以问孩子，今天发生了哪些让你快乐的事；从外面玩回来，也要问问玩得开心不开心。同时也要让孩子知道，没有人会“天天快乐”“永远快乐”，不高兴的事总会有的。尽管不良情绪让人感觉不愉快，但它却是成长过程中的一部分。要学会用恰当的语言表达自己的情绪，愿意把自己的情绪告诉亲近的人，一起去分享快乐或寻求安慰。有人说：“一份快乐两人分享，就会变成两份快乐；一个痛苦两人分担，就会变成半个痛苦。”家长是孩子最亲近的人，孩子有了苦闷、伤心的事，要让他诉说，允许他发泄，不要让他的委屈总憋在心里。对于孩子的诉说要耐心解释、疏导，不要不予理睬。如果道理已经讲清，但孩子情绪一时还不能平静下来，也不能过分强迫，要允许他有一个自我调整的时间和空间。这个时候，抚摸一下孩子然后静静地走开，也许是最好的方法。等孩子平静之后，再告诉他哪些情绪是健康的，哪些行为是可以接受的，让孩子逐渐学会适度表达自己的情绪。尽管发泄、释放不良情绪可以理解，但父母也不能让孩子不分时间地点地发脾气。这就需要在日常生活中加以教育，提前预防，告诉孩子排解情绪的正确方法。哭闹、赌气可以，但一定要有限度，尤其不可以摔摔打打，损坏物品。

3. 对孩子的错误冷静处理。人不可能不犯错误，三五岁的孩子更是如此。孩子不犯错误，就永远不会长大。对孩子犯的错误，家长要理智分析、区别对待，切忌不分轻重地责罚孩子、打骂孩子，以错止错最终会铸成大错。“无意之错”和“无能之错”要原谅。孩子无意中做错了事不要大惊小怪，如果孩子在尝试新事物的过程中因为体能和心智的局限犯了错误，更要加以抚慰，鼓励孩子再次尝试，让孩子的自信心在不断尝试中得到增强。同时提醒孩子以后要注意的事项，教给孩子一些做事的方法。“无理之错”和“有意之错”则不能宽容。好习惯要从小培养，坏习惯也要从小遏制。对于那些明显的坏习惯，如无理取闹、说谎骗人、打人骂人、小偷小摸、故意破坏等，父母不能视而不见，必须加以重视。叶圣陶先生曾说：“两种习惯养成不得。一种是不养成什么习惯的习惯，又一种是妨害他人的习惯。”《弟子规》中也告诫道：“事虽小，勿擅为。苟擅为，子道亏。”要通过一定的惩戒手段及时纠正，一次都不能宽恕。要从小教育孩子，“勿以恶小而为之，勿以善小而不为”。

案例分析

坐谁的车去幼儿园

强强上幼儿园后，一直是妈妈开车送他。一天早晨，爸爸有事先把车开走了，妈妈带着强强搭邻居的车去幼儿园。没想到，强强一上车就大哭大闹，非要坐自家的车。妈妈和邻居阿姨好说歹说，才把他送到幼儿园。到幼儿园后强强还不依不饶，老师也不能说服他。实在没有办法，妈妈只好给爱人打电话，让他从单位开车出来，在幼儿园附近某个路口停下。妈妈带着强强打出租车到那个路口，开上自家的车再送强强到幼儿园。强强这才破涕为笑。

这个事例中，强强情绪的确过激，但同时妈妈的所为也有值得检讨之处。对于这些“认死理”的孩子，家长要加以理解，因为他们可能正处于“秩序敏感期”。案例当中的强强就是因为每天都是妈妈开自家的车送他，形成了固定的思维，出现变化后突然有些不适应。所以遇到这样的事情一定要注意事先的解释和事后的疏导。仅就这件事情来说，事先无论多忙，妈妈都要跟孩子讲明不能开自家车去幼儿园的原因。事后，还要耐心地跟孩子分析他的不对：对妈妈、老师不尊重，对邻居阿姨没礼貌。让孩子认识到自己的问题，以后注意克制自己的情绪。

不怕输液的小女孩

一个冬天的早晨，我做饭时不小心划伤了手背，去社区医院包扎换药后输液消炎。一个年轻的爸爸也带着女儿来输液。爸爸大概有事，看大夫给孩子输上液就走了。当时小女孩若无其事地看着大夫扎针输液，眉头都没皱一下。小女孩看我裹着绷带的手，瞪着大眼睛问：“叔叔，你的手怎么了？”我说：“不小心划破了。”女孩问：“流血了吧？疼吗？”我说：“有点疼，过两天就好了。”我问：“小朋友几岁了？”“4岁。”“你怎么了？”“感冒发烧了，爸爸说要输几天液。”“你不用爸爸陪吗？”“不用。爸爸去给我买煎饼了，过会儿来接我，我又不是第一次来这儿输液，没关系！”我输完液走的时候跟小女孩打招呼。小女孩还说：“叔叔，外边冷，把手套戴好啊。”我都被小女孩的话语感动得快哭了。

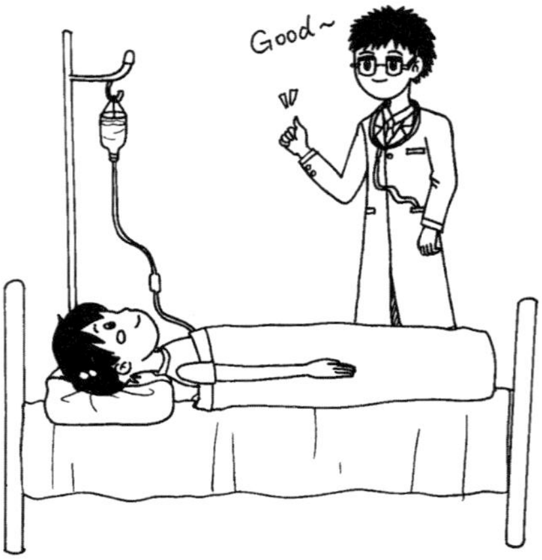

一般的孩子都怕打针输液，案例中的小女孩可称得上勇敢。这肯定跟家长平时的教育有关。有的家长常拿打针输液吓唬孩子，有的家长看孩子打针比孩子自己还紧张，这些做法自然会影响到孩子的心理。但如果像这个小女孩的爸爸一样，让孩子从小就有一种独立、担当的意识，孩子自然就会变得成熟、坚强。另外，从小培养孩子热心、细心、体贴、同情的情感，也有助于孩子成为一个温柔、善良的人。当然，在孩子生病输液时，父母还是要尽量陪伴在孩子身边。

亲子活动

表情猜猜猜

1. 活动目的：让孩子知道表情的重要。与人交往时要注意观察对方的表情，体会他人心理，重视别人感受，并采取恰当的言行应对。

2. 活动准备：制作表情图。家长在网上下载不同表情的图片，如高兴、失望、痛苦、平静、惭愧、愤怒、悲伤、惊恐等，也可自己画出各种表情的卡通人脸。

3. 活动方法：(1) 把图片反面朝上放在桌上，让孩子任意抽取一张，说出是什么表情。如果说错了，可以将孩子所说的表情图拿出来对照比较，让孩子找出其中的差别。(2) 让孩子猜猜，他遇到了什么事情才会有这样的表情？(3) 问问孩子，如果爸爸妈妈或者你的朋友有了这样的表情，你该怎么办？

4. 注意事项：孩子年龄小，对表情的理解有限，家长要让孩子大胆说出自己的看法和理由。这个活动关键是让孩子说出怎样认识和理解、应对这些表情，借此机会锻炼孩子的语言表达能力。不论孩子说得好不好，家长都要鼓励。

绘本推荐

《菲菲生气了》

哇！菲菲生气了！她就像一座一触即发的火山，踢打、喊叫，想把所有的东西都砸碎。怎样宣泄、排解自己的愤怒呢？菲菲哭了一会儿，最终选择了自我排解。她跑到外边，看看蓝天，看看大树，看看小草，听听鸟叫，大自然安慰了她……再回到家里时她已经不生气了。故事告诉我们，生气是一种正常的情绪表现，但遇到不愉快的事情要尝试自我调节情绪。

第8讲
锻炼良好适应力

《指南》原文

（一）身心状况

目标 3　具有一定的适应能力

3—4 岁	4—5 岁	5—6 岁
1. 能在较热或较冷的户外环境中活动。 2. 换新环境时情绪能较快稳定，睡眠、饮食基本正常。 3. 在帮助下能较快适应集体生活。	1. 能在较热或较冷的户外环境中连续活动半小时左右。 2. 换新环境时较少出现身体不适。 3. 能较快适应人际环境中发生的变化。如换了新老师能较快适应。	1. 能在较热或较冷的户外环境中连续活动半小时以上。 2. 天气变化时较少感冒，能适应车、船等交通工具造成的轻微颠簸。 3. 能较快融入新的人际关系环境。如换了新的幼儿园或班级能较快适应。

《指南》导读

对于幼儿来说，适应能力是他们将来长大走上社会后必备的生活能力。“健康”子领域“身心状况”的第三个目标中具体描述了3—6岁儿童“具有一定的适应能力”的各项指标。从中可以看出，人的适应能力既包括生理的适应，如身体对外界环境及其变化的自然反应，也包括心理的适应，如对新的生活环境、新的生活方式的心理承受能力，对新的人际关系的认知与接纳程度，以及新的行为规范养成等。

适应能力首先体现在身体对外界自然环境变化的适应上。幼儿新陈代谢旺盛，耗氧量大，户外的新鲜空气能够使身体维持良好的机能状态，促进神经系统的正常发育。3—4岁的幼儿，活动能力较0—3岁有了很大提高，身体的抵抗能力逐渐增强，在较冷和较热的天气里，带孩子到户外适度的活动，能够增强幼儿适应外界气温变化的能力，减少患病概率。4—5岁的幼儿，对空气变化的适应能力及对病菌的防御能力有所提高，能够在较冷或较热的户外环境中连续活动半小时左右。5—6岁的幼儿，随着身体的快速发育，运动能力逐渐提高，体质进一步增强，免疫能力尤其是抗寒和耐热能力大大增强了，能够在较热或较冷的环境中持续活动半小时以上。即使天气发生很大变化，也较少出现感冒等疾病。这个时期，随着骨骼与肌肉群的发展，孩子对颠簸的环境有了一定的耐受性，建议家长经常跟孩子一起玩拉手、转圈、秋千、转椅等游戏活动，让幼儿适应轻微的摆动、颠簸、旋转，促进其平衡技能的发展，为以后适应车船、飞机等颠簸环境打下基础。

每到春夏之交和秋冬换季，感冒、咳嗽等上呼吸道感染疾病就成为幼儿的多发病。这往往跟孩子户外活动少，适应能力差有关系。《指南》的教育建议中明确要求保证幼儿每天不少于2小时的户外活动时间，其中体育活动时间不少于1小时。夏季高温对人体是一个严峻的考验，幼儿体温调节能力低，高温环境下容易得病。因此，春末夏初应该多带孩子到户外活动，锻炼孩子的耐热能力。这个时候家长还要注意不到太热的时候尽量不用空调，以避免室内外温差过大带来“空调病”。

秋冬季节，为了避免孩子着凉、少生病，家长通常的做法是给孩子多穿衣服，减少户外活动，其实这大可不必。中国有句俗话“要想小儿安，三分饥与寒”，强调的就是饥饱适度和提高机体对寒冷的适应能力。人是恒温动物，体内有一套完善的体温调节系统，当冷空气进入呼吸道后，可刺激全身各系统作出相应的调节反应。由于幼儿这种调节能力尚不成熟，因此比成人更易受凉生病。但这种调节能力绝不是靠家长里三层外三层地保暖御寒，而是通过对寒冷环境的逐渐适应加以提高的。也就是说，要从根本上改变孩子孱弱的体质，不是将他与寒冷隔绝而是给他耐寒的锻炼。韩国、日本的孩子大都从幼儿园开始就接受冬季耐寒训练。不仅强壮了体质，而且磨炼了意志，这是值得我们家长效仿的。当然，在一些极端天气如过冷、过热或雾霾天还是要注意减少或避免户外活动。此外，户外活动还要考虑孩子的年龄特点和个体差异。培养孩子对季节变化的适应，还要逐步减少大人对孩子的包办。可以通过引导孩子看天气预报、观察环境变化来调整衣着饮食和活动方式，通过日常生活的细节，使孩子知冷暖、避寒暑，了解天气和季节变化与身体健康的关系，逐步成为自然环境适应的主人。

适应能力还体现在对人际环境变化的适应上。幼儿期是人生发展的初始阶段，身心发育尚未成熟，独立适应环境变化的能力差，很多孩子表现为“认生”。1岁左右的孩子“认生”很普遍，即便到了2—3岁，孩子仍然会对陌生人和陌生场景感到恐惧，这是一种正常现象。作为家长，就要尽可能多地带孩子接触生人、生地，以打消这种“恐惧感”。如走亲访友、串门聊天，商场购物、公园游玩、外出旅游等。需要注意的是，在解决孩子“认生”问题上不能过分勉强孩子，否则会加重孩子的排斥心理。如果孩子内向、认生，可以允许他“慢热”，熟悉一会儿再跟陌生人接近。在遇到孩子不认识的人时，家长要很自然地向陌生人介绍自己的孩子，而不是强迫孩子先跟外人打招呼。不管自己的孩子多认生，也要保持轻松平和的态度，不能责备孩子，也不能跟别人说些“孩子认生，不懂事”之类的话。如果有时间，还可以看孩子的情绪和兴趣，创造一些特长展示的机会，以增强孩子的自信心。为了缩小孩子与他人和新环境的陌生感，如果条件允许，家长可以事先做些“铺垫”，给孩子介绍一下将要见到的人和物。另外，孩子在跟陌生人交往时，喜欢离对方一定的距离，不喜欢别人触及自己身体。这是多数孩子的正常心理，家长应该理解。

与“认生”相对的，是一些孩子的“人来疯”。一般来说，活泼好动不认生不是毛病，但是没大没小没规矩，只顾自己疯闹而影响气氛的和谐和大人间的交往，就需要加以控制了，严重的还要责罚。孩子的“自由”应该有“度”，这个“度”就是基本的礼节。

3—6岁儿童的适应能力主要体现在生活适应、社会适应和学习适应三方面。生活适应，指幼儿学会生活自理，如自己进餐、自己睡觉、自己

穿脱衣服、文明如厕等。在满足基本的生理需要后，才能逐步发展社会适应，如喜欢上幼儿园，能够主动和老师、小朋友打招呼，愿意和小朋友分享玩具等。学习适应，主要表现在乐意参加集体活动，喜欢探究挑战、学习新知识新技能，形成良好的学习习惯，喜欢独立思考，能够发现问题、解决问题等。

进入幼儿园，是幼儿从家庭走向社会的第一步。“分离焦虑”“入园紧张”，哭闹、拒食、排斥老师和小伙伴，这是很多孩子都会出现的心理问题，一般来说，两三周就会过去，不必大惊小怪。家长可以事先带孩子熟悉一下幼儿园环境，调整好孩子的生活习惯，培养孩子对新环境的适应能力。一些孩子的“分离焦虑”是家长有意无意造成的。比如，从小拿上幼儿园吓唬孩子，担心老师不关心孩子，怕孩子到幼儿园吃不饱、受欺负等。其实，往往家长越紧张，孩子的焦虑程度就越高。家长轻松坦然，用理智的心态应对孩子的不适，教给孩子一些交往方法，孩子就会很快适应幼儿园、喜欢幼儿园的。

案例分析

爱感冒的乖乖

乖乖是个4岁的男孩，从小体质就弱。妈妈总怕孩子冻着，所以给孩子穿得很多。秋天，还不到很冷的时候，妈妈就给乖乖套上了厚秋裤和薄棉外罩。一入冬，就给乖乖穿上了厚厚的冬装。一层一层，把乖乖包装得就像一只小笨熊。开春以后，天气渐渐暖和了，可妈妈怕乖乖着风，迟迟不给孩子减衣服。这样，交节的时候，乖乖因为穿的比别的孩子厚实，行动就显得笨拙，还常常弄得满头大汗，特别容易感冒。别的孩子吃点药就好了，乖乖能将普通的感冒发展到高烧，甚至引发肺炎。幼儿园老师给妈妈提意见，可乖乖妈妈却说：“乖乖体质差，不多穿点更容易得病了。”

这个案例中，乖乖的身体弱、易感冒，恐怕跟妈妈的过分关心有一定关系。俗话说“春捂秋冻”，可乖乖的妈妈却是“春捂秋捂”，没原则地给孩子多穿衣服，使孩子失去了适应气候变化的能力，成为了“温室中的弱苗”。其实，孩子的体质都差不多，而且因为活动量大，一般都比大人“抗冻”。所以，父母应该按照科学的方法来给孩子增减衣物，并辅之体育活动，增强孩子的体质，没必要在穿戴上给孩子过分“包装”。

北北有了小妹妹

北北是一个各方面表现都非常优秀、性格开朗的小男生。可是自从妈妈生了小妹妹后，他的性格就有了变化。情绪冷漠，不爱说话，有时跟老师置气，故意推搡别的小朋友。老师和北北妈妈沟通，妈妈说，北北在家里也是非常黏人，有时很暴躁，不讲道理，不顺心就大哭大闹。妈妈为了照顾小妹妹，给北北立了不少“规矩”。比如，不让北北去妹妹的房间，不让北北有大动作，更不能大声说话喊叫。为此妈妈跟北北没少发脾气，虽然事后妈妈也会很愧疚，但又觉得没有别的办法。北北晚上想跟妈妈睡，妈妈要照顾小妹妹，就只能拒绝北北的要求。北北大哭大闹之后，可怜巴巴地对妈妈说：“妈妈，你就不能让我跟你睡一晚上吗?”了解了这些情况，老师觉得北北的问题主要是“二胎”现象造成的。北北刚刚三岁半，正是需要父母关爱，特别是妈妈无微不至的关怀的时候。而妹妹的出现，不仅分走了爸爸妈妈对自己的关注，还吸引了爷爷奶奶等全家人的注意。北北不能理解妹妹正需要特殊关照，心理容易失衡。而妈妈潜意识中希望北北能够像一个成熟的大孩子一样，懂事、克制、谦让，理解父母的难处，这无疑对北北提出了远远超出身心发展水平的要求。北北所有的异常行为不过是受到压制后所表现出来的正常心理反应。老师给北北妈妈提出建议，一是要理解北北正常的情绪变化。二是不要过分地限制北北。北北爱妹妹，想去妹妹的房间就让他去，只是提醒北北小心安静就行。实在想妈妈了，北北也可以和妹妹一样同妈妈睡，只是妈妈要多辛苦一些。三是妈妈也要注意对北北的抚慰。比如，在送园的时候，妈妈可以与北北进行拥抱，或者许诺；在每晚睡觉前、出门前或其他时刻，能对孩子说“我爱你”。最后，希望北北的妈妈能够公平的对待两个孩子，给予北北足够的关注与关心，让他知道，北北跟妹妹一样是妈妈最爱的宝贝。北北妈妈从这次谈话之后，就逐渐改变自己的行为。每天早上与北北拥抱，轻轻地对北北说：“我爱你，放学的时候我会早点来接你。”北北这时候就会特别的害羞，扎在妈妈的怀里。北北有一次还特别开心地对老师说：“昨天晚上妈妈陪我玩了。”渐渐的，北北情绪稳定了，又变回那个明朗欢乐的小男孩了。

孩子出现问题，家长要更多地从自己身上找原因。“二孩”时代的到来，对“老大”的心理和社会关系会造成不同程度的改变，“老大”出现一些心理和情绪的变化是很正常的。父母要考虑到孩子的年龄特点和心理特点，尽量做到公平对待每个孩子，不能因为“老大”年长，就让孩子承担超乎年龄的责任与压力，在照顾“老二”的同时，更要在一些细节上对“老大”给予特殊的关注和关心。发现“老大”对弟弟妹妹的关爱要表扬鼓励，发现争宠、哭闹等行为要解释、引导。要相信亲情的力量，相信“玩伴”的作用。只要父母处理得当，随着“老大”渐渐长大懂事，会建立起良好的兄妹姐弟关系。

（案例由周晓雨老师提供）

绘本推荐

《我不要去幼儿园》

很多孩子开始并不愿意上幼儿园：那里没有爸爸妈妈，那里不如家里随便，老师和小朋友我也不认识……小兔子也是一样。小兔子从开始担心到幼儿园睡不着觉，到最后在幼儿园玩得开心而不想回家，这是怎么一回事呢？那就让孩子看看这本图画书吧！

（导读部分由廊坊市直第二幼儿园园长、特级教师柴美艳编写）

第9讲

动作发展重协调

《指南》原文

（二）动作发展

目标 1　具有一定的平衡能力，动作协调、灵敏

3—4 岁	4—5 岁	5—6 岁
1. 能沿地面直线或在较窄的低矮物体上走一段距离。 2. 能双脚灵活交替上下楼梯。 3. 能身体平稳地双脚连续向前跳。 4. 分散跑时能躲避他人的碰撞。 5. 能双手向上抛球。	1. 能在较窄的低矮物体上平稳地走一段距离。 2. 能以匍匐、膝盖悬空等多种方式钻爬。 3. 能助跑跨跳过一定距离，或助跑跨跳过一定高度的物体。 4. 能与他人玩追逐、躲闪跑的游戏。 5. 能连续自抛自接球。	1. 能在斜坡、荡桥和有一定间隔的物体上较平稳地行走。 2. 能以手脚并用的方式安全地爬攀登架、网等。 3. 能连续跳绳。 4. 能躲避他人滚过来的球或扔过来的沙包。 5. 能连续拍球。

《指南》导读

在婴幼儿阶段，比较常见的大肌肉动作有俯卧、翻身、抬头、坐、爬、走、跑、跳跃、平衡、投掷、抛接球、踢球等。0—6 岁是整个人生发展的最佳期，这个阶段同样被称为大肌肉动作发展的“黄金年龄”。蒙台梭利认为从出生到 5 岁是幼儿动作发展的敏感期。这一阶段，幼儿身体各部位的肌肉、韧带较松弛，灵活性好，是平衡能力、协调能力和灵敏性发展的重要时期。这些方面素质的发展，不仅能促进幼儿身体健康，促进神经系统和脑功能的完善，而且能够有效地促进语言、智力、情感等各方面能力的提高，有利于保持良好的精神状态。家长一定要抓住这一敏感期，积极为孩子创造条件，获得多方面的身体运动技能，为以后的健康发展打下牢固基础。

《指南》从身体素质的角度提出了幼儿在大肌肉动作方面“具有一定的平衡能力，动作协调、灵敏”的发展目标。

人体要运动，先要保证身体的平衡。因为平衡能力是完成各种动作的前提。要完成各种大肌肉动作，还要做到身体协调、动作灵敏。就拿最简单的走和跑来说，就需要四肢（当然还有眼睛）的协调。动作不协调，或者走起来难看，或者扭来扭去跑不快。在走、跑过程中，拐弯、避让都需要及时调整速度、姿势和位置，这就需要灵敏的反应。由此可见，身体的平衡力、协调能力和灵敏性等都是基本的身体素质。

《指南》提出了一些具体的目标和建议。我们再结合一些活动项目分析一下。

1. 走窄路和间隔物体。为了锻炼孩子身体平衡及手脚协调能力，家长可以用他们感兴趣的方式，带领他们练习走窄路和间隔物体。比如，在和孩子玩走平衡木和梅花桩的游戏时，家长要有耐心，先要帮助孩子克服畏惧心理。练习之前，家长可以给孩子做如下示范：利用叉腰、平举、上举等方式，调节身体平衡，走步时步子要小，摆腿要低，单腿支撑的时间要短，上身挺直，眼看正前方。为了给孩子一种安全感，家长可以站立在平衡木或梅花桩的另一端伸出手迎接，或用语言不断鼓励孩子自己走过来。这样每经历一次，孩子的勇气也就增强了一分。

2. 蒙眼走路和踩高跷。蒙眼走路和踩高跷也是训练孩子胆量和平衡能力的一种良好方式。让幼儿蒙眼走路，事先一定要选择一个安全的活动场地，让他们把双手伸于体前，并随机地左右晃动，这样不但能够平衡身体，还能起到一定的自我保护作用；家长也要在一旁给以细心地提示与引导。而踩高跷，动作则又相对复杂了一些，家长应首先引导孩子发现并掌握动作要领：用脚底中心踩在高跷上，两手分别抓住固定在高跷上的绳子，眼睛向前看，双脚交替往前走。为了增加孩子的兴趣，还可以把动作要领编成儿歌："小马蹄，摆整齐，小脚丫，踩中间，小小手，把绳拉，一二一，走得稳，一二一，哒哒哒。"此外，家长还可以鼓励孩子自由探索高跷的新玩法，如向前走、侧身走、转圈走等。

3. 上下楼和钻爬。上下楼梯时，家长要教育孩子手扶楼梯扶手，双脚交替，靠楼梯的右侧行走，楼梯上不能奔跑、拥挤、冲撞，不能从高处往下跳或从低处往上蹦，不从楼梯扶手往下滑，以免发生危险。钻爬活动则要根据幼儿的年龄特点。对 3—4 岁的幼儿来说，他们动作的协调性与灵敏性较差，因此只要求他们会低头弯腰屈膝，手膝着地自然协调向前爬即可，使用的活动器械相对也要大一些、高一些；到了 4—5 岁，可以开展一些难度较大的钻爬活动，如手脚着地爬行、匍匐爬行、侧身爬行等，用于钻爬的活动器械也可以稍矮一些。

4. 纵跳和跨跳。纵跳是指轻松自然地双脚同时向上跳，起跳前双脚蹬地要用力，双臂自然预摆，注意屈膝，落地缓冲，注意保持身体平衡。家长可以带领孩子玩纵跳触物类的游戏，如"小猴摘果子""青蛙捉害虫"等。在幼儿已经能用双脚跳的基础上，再练习跨跳比较适宜。练习跨跳时，应首先为孩子示范并讲解动作要领：起跳时蹬腿要有力，跨跳落地时要轻。家长可以有意创设一些游戏情境，把动作自然地融入到情景中，这样会更加适合孩子的动作学习。

5. 追逐和躲闪。练习追逐和躲闪，不但能促进平衡能力的发展，还能有效提高幼儿对信号迅速作出反应的能力。孩子们对玩追逐游戏最感兴趣，且"乐追不疲"。玩追逐游戏一定要事先检查场地是否安全，并根据孩子的能力不同采用合适的方法。孩子们经常玩的追逐类游戏一般有简单追逐和追踩两种。简单追逐的游戏就是把孩子们分散在指定区域，选择一个孩子让他设法追到另一个孩子；而追踩游戏则是指孩子们之间互相追逐，踩中目标物体。平时最常玩儿的有"听信号追跑""踩影子""踩尾巴"游戏等。

6. 拍球和抛接球。 拍球的场地要选在平坦的地方，拍球时两脚分开与肩同宽，腰弯下一点点，腕指要放松，五指自然分开。拍球的时候，眼睛和身体要始终跟着球移动。而抛接球的玩法，一种叫自抛自接，是指幼儿两手握球的两侧，持球于腹前，两腿稍屈，上体稍前倾，将球向上抛起后，看准球的方向，自己再双手把球接住。另一种玩法是你抛我接，抛球的人双手持球，抛向对方；接球者注意力集中，观察球的飞行方向，伸出两手准确接住球。抛球和接球时尽量都不要离开原位，同时引导孩子注意安全，不要将球抛到对方的头部。

7. 跳绳。 跳绳运动最适合5—6岁的幼儿。这一阶段的幼儿喜欢蹦蹦跳跳，可以运用比较复杂的运动技巧进行活动。作为家长，首先要激发孩子对跳绳的兴趣，教会孩子跳绳的技巧。跳绳之前，可以先和孩子一起玩一些跳跃练习，如蛙跳、单脚跳等，还可以让他们一只手握住绳的两头按节奏模仿跳绳动作，要求绳落时，双脚跳动，熟悉了这个动作以后，再教孩子两手握绳，将跳绳的连续动作进行分解：让孩子先练第一步，即单个跳；再练第二步，将两次动作连起来。当他们练好第一步以后就慢慢的能够将两次动作连起来了。

在对动作发展的认识上，许多家长经常出现一些误区。一方面表现出来的是过度保护，出于对孩子的安全考虑，家长总是有意无意地娇惯溺爱，保护过多，不敢放手，这会妨碍孩子正常能力的发展；另一方面则是期望过高，拔苗助长。比如，让2—3岁的幼儿学钢琴，4—5岁幼儿跳芭蕾、拉丁舞等。其实从科学的角度讲，这一阶段幼儿身体各部分骨骼和肌肉还未发育完全，很可能会因为方法不慎或是训练不当给幼儿身体造成伤害，那就得不偿失了。

家长带孩子活动要注意健康和安全。在活动前，要检查场地是否平坦，设施是否牢固，避免发生意外。不要给孩子穿过多、过厚的衣服，也不宜穿过硬、过厚的皮鞋，以免扭伤、摔伤。雾天不宜让幼儿外出活动，而烈日当空时，幼儿在户外活动容易中暑。饭前、饭后半小时内活动易吸入冷空气，产生胃痉挛，对幼儿身心造成不利影响。在活动中，要随时观察孩子的脸色和动作，避免活动量过大。注意孩子动作的指导和身体的保护，避免因动作不当而损伤。活动后不可让孩子马上饮水或吃冷饮，也不要马上让孩子洗澡。

案例分析

学步车的困惑

小飞已经4岁多了，父母发现他身体平衡能力差，动作能力差。走路还好，跑步有些不稳，不会单脚跳。小飞刚学走的时候，奶奶给买了学步车，一直用学步车来学走路。可孩子到了两岁半走路还是感觉不稳，总是跌跌撞撞的。上幼儿园之后就看出了这种差距，明显跟不上同班的小朋友。父母带小飞到医院做过检查，检测指标也正常。对此，医生建议父母多给孩子做一些有助于增强平衡能力的动作和游戏，通过运动改善这种情况。

在孩子的学步阶段，很多家长给孩子买学步车。孩子在学步车里比较安全，家长也可以轻松一些。但现在很多专家认为，学步车会给孩子的走路和运动能力带来负面影响，最明显的是影响孩子平衡能力的发展。新生的孩子有强大的生命力，学爬、学坐、学站立、学走路，是一个自我探索、自我发展的过程，不是靠什么机械工具可以帮助、代替的。在学走路的过程中，磕磕碰碰很正常。正是在这种尝试、体验中，孩子的平衡能力得到锻炼，身体协调能力和头脑思考能力得到提高。如果过度依赖学步车，孩子就无法练习平衡能力，大腿肌肉得不到锻炼。一旦离开学步车，走路就找不到感觉，自然会较慢和不稳。所以，家长想通过学步车让孩子快些学会走路，很可能会事与愿违。

多动的牛牛

牛牛6岁了，因为“多动症”转过好几个幼儿园。牛牛从上小班起就不会老老实实地坐着，不能集中精力听讲，乱跑乱动、扰乱纪律，而且总跟小朋友们闹冲突，弄得老师无法上课，很多家长为此提出“抗议”。老师和园长都认为牛牛患有多动症，家里人也带孩子去医院看过精神科。医生诊断为多动症，开药吃了好几个月，对孩子没有丝毫效果。后来，班上一位老师去孩子家里了解到特殊情况：孩子父母离异，父亲在外地工作，牛牛平时跟爷爷奶奶生活。爷爷脾气暴躁，经常打骂孩子。奶奶对牛牛也管得很严，在家里不许他乱说乱动。对此，老师做了很多工作，让爷爷尊重孩子，克服打骂的毛病。让奶奶宽松一些，多给孩子自由活动的空间。再加上幼儿园老师的特殊关爱、引导，牛牛慢慢有了自我约束力，也有了真正的好朋友。这个被定性为“多动症”的孩子就这样逐渐“痊愈”了。

从这个案例中可以看到，孩子真正的病因来自他的家庭——他们的家长或严厉或溺爱，教育方法都出现了明显的错误。真正的“多动症”病因大致是由于出生时脑组织损伤、城市环境污染、遗传生理因素而造成的。但是很多被诊断为“多动症”的孩子，却是由于家庭或者幼儿园、学校教育不当而造成的，所以家长老师都要讲究教育方法，从孩子的实际情况出发，避免简单粗暴，给孩子身心健康造成不良影响。

亲子活动

顶气球

1. 活动目标：训练幼儿的反应能力、控制能力和协调能力，培养孩子与他人的合作精神。

2. 活动准备：几个吹好的气球。

3. 活动方法：(1) 妈妈和孩子合作，轮流用头将气球往上顶，不要让它掉到地上，否则算失败；(2) 妈妈和孩子比赛，两人分别用头顶一个气球，谁的气球先掉到地上就算谁输；(3) 妈妈和孩子分别边顶气球边跑，看谁能顶着气球安全又快速地到达终点。

4. 注意事项：家长要注意选择空旷安全的场地，以免不小心碰伤孩子。

绘本推荐

《弗洛拉和企鹅》

弗洛拉是一个热爱舞蹈的胖女孩，她和同样胖滚滚的小企鹅成了舞伴。她们在冰上尽情地嬉戏、旋转、跳跃。小企鹅钻到冰层下面去抓鱼，弗洛拉在冰上为小企鹅伴奏。小企鹅抓到了小鱼，弗洛拉又把小鱼扔进冰洞里……她们玩得可高兴啦！她们的动作是那么协调，她们的舞姿是那么优雅。

（导读部分由廊坊市直第一幼儿园特级教师王大扣编写）

第10讲
小小身体动起来

《指南》原文

（二）动作发展

目标2　具有一定的力量和耐力

3—4岁	4—5岁	5—6岁
1. 能双手抓杠悬空吊起10秒左右。 2. 能单手将沙包向前投掷2米左右。 3. 能单脚连续向前跳2米左右。 4. 能快跑15米左右。 5. 能行走1公里左右（途中可适当停歇）。	1. 能双手抓杠悬空吊起15秒左右。 2. 能单手将沙包向前投掷4米左右。 3. 能单脚连续向前跳5米左右。 4. 能快跑20米左右。 5. 能连续行走1.5公里左右（途中可适当停歇）。	1. 能双手抓杠悬空吊起20秒左右。 2. 能单手将沙包向前投掷5米左右。 3. 能单脚连续向前跳8米左右。 4. 能快跑25米左右。 5. 能连续行走1.5公里以上（途中可适当停歇）。

《指南》导读

力量是身体素质中非常重要的一个因素，是身体各种运动的基础。耐力是指长时间进行身体活动的能力，也是一种抗疲劳的能力。幼儿的可塑性很大，适当进行力量和耐力练习能够加强他们的肌肉、骨骼发育。走路、跑步、跳跃、投掷等是最基本的身体动作训练，有利于幼儿大、小肌肉的发展，对于增长幼儿的力量和耐力起着积极的作用。

有些家长觉得自己的孩子身体结实，活蹦乱跳，没必要进行身体锻炼，这种想法是错误的。孩子正常的生长以及一般的活动，并不能代替体育锻炼活动。家长必须纠正吃饱喝足、又胖又高、没病没灾就代表身体健康的认识，从走、跑、跳、投这些基本动作开始，引导孩子进行积极的体能锻炼。同时多抽出一些时间，跟孩子到户外活动，进行耐力和有氧活动。

1. 如何训练“走”。走是人体最基本的一种活动能力，是所有体育活动的基础动作。人经常走路，脚板就会宽厚，大腿就会粗壮，肌肉就会有力。3 岁的孩子，已经会平稳、自如地行走。为了使孩子走姿正确美观，就要指导他上肢下肢动作协调，避免出现腿动臂不动或“顺撇”单侧前行的毛病。为了增加走路的趣味性，培养平衡能力，可以采用多种练习方法，如原地踏步、走直线、走圆圈、走平衡木、走荡桥、跳着走、倒着走等。为了培养耐力，可以让孩子连续走路。《指南》提出的走路目标是3—4 岁1000 米，4—6 岁 1500 米甚至更远一些。当然途中可以适当休息，但不要孩子一累家长就背起来抱起来或放到车子上。

2. 如何训练“跑”。跑是单脚支撑和腾空相交替，蹬与摆相配合，动作协调的周期性运动。健康的幼儿是喜欢奔跑的，但是 3 岁左右的幼儿开始跑步时步幅小而不均匀，上下肢动作不协调，跑起路来摇摇晃晃，而且不容易立刻停止。5 岁左右的幼儿，跑的能力大大提高，能比较自如地跑。跑步是一项比较枯燥的体育活动，家长可以采取有趣的形式和孩子一起进行跑步练习。比如，可以进行指定路线跑、折回往返跑、慢跑快跑变速跑、固定距离数数跑等。家长还可以带孩子与伙伴们一同玩跑步游戏，如玩追人、四散追逐跑、跑停游戏等，还可以和幼儿进行竞赛，这样孩子在愉快的游戏中就进行了跑步训练。家长每天早上还可以跟孩子进行耐力跑锻炼，记录孩子每天跑步的具体情况，阶段性调整跑步距离和时间，科学地引导孩子练习跑步。这样在跑的游戏中，发展幼儿动作，增强幼儿的身体力量。

3. 如何训练“跳”。跳跃是一种比走和跑更复杂的动作，它需要有走的基础。起跳要用前脚掌用力蹬地，迅速跳起；落地时一定要轻轻触地，肌肉放松，保持平衡。3 岁的幼儿只要求他们跳的自然，可以让他们学习小兔子跳，不断调整跳跃距离。4—5 岁的幼儿不仅练习双脚跳，还可练习单脚跳，单脚左右轮换跳、连续跳，在跳跃高度和距离上也可以逐渐增加要求。4—5 岁的孩子要求能单脚连续向前跳 5 米左右，5—6 岁的孩子可以提高到 8 米左右。家长要灵活多样地为幼儿设计跳跃活动，例如，家长可画出各种图形的房子做跳房子游戏，角色扮演小白兔拔萝卜，创设触物网以及纵跳触物游戏等；可以在地上拉起一根橡皮筋，让孩子练习跳高；还可以通过情景创设把走、跑、跳结合起来，以增加趣味性，锻炼幼儿的跳跃能力。

4. 如何训练"投"。 投掷是日常生活中不可缺少的基本动作。幼儿的投掷练习包括扔沙包、抛接球、投篮框、套圈圈或肩上挥臂投物等。投掷可以锻炼孩子双臂和肩部肌肉，促进孩子手眼协调能力的发展。家长可以先教孩子正确的投掷姿势，看着前方的目标练习投远，也可确定一个目标练习投准。投掷的距离由近至远，难度逐渐加大。还可以用沙包或豆袋练习投筐或投入某个固定的容器内。筐或其他容器的放置距离不宜太远，让孩子能把沙包投进去。家长还可以和孩子或两个孩子之间玩"抛接沙包"的游戏，两人离开一定的距离面对面站着，一人抛，一人接沙包，这样反复抛接，看谁接得准，配合得好。几个孩子可以用套圈在一起玩"看谁套得多"的游戏等，在活动中让幼儿学会上、下肢协调自然挥臂将物抛出。

除了走、跑、跳、投以外，家长还可以通过引体向上练习孩子臂力，通过钻爬练习方向感和平衡力等。

在对幼儿的力量耐力训练中，家长还要注意以下几点。

1. 适量运动，持之以恒。家长根据《指南》给出的发展目标，采取多种方式，利用各种机会，加强孩子的身体锻炼。比如，早晨出门或者回家时，不坐电梯，孩子跟着大人一起走；出楼门上车或下车到家这段距离，就喊一声预备一起跑，这样一跑也有几百米。幼儿对此不会感觉枯燥，还可以从中体会到比赛的快乐。周末时家长带着幼儿走出去，带他们去公园广场，或者去商场的游乐园。在锻炼中，孩子们的笑声多了，性格开朗了，同时也沟通了孩子和家长的亲情。

2. 遵循规律，循序发展。人体的发展都是有规律的，家长应遵循发展规律，循序渐进地和孩子进行各种体育活动。动作的练习由简单到复杂，由易到难，让孩子在活动中获得成功与自信。运动量也要从小到大，逐渐增加，这样就能使孩子的身体产生新的适应，体质不断增强。活动中还要注意个别差异，因人而异。各种活动的时间都不宜过长，以免过度疲劳导致肌肉、骨骼、关节等损伤。

3. 正面引导，有效评价。家长应注意在活动中给孩子以积极的评价，让孩子体验到体育活动的快乐和满足，认识到自己的能力，树立良好的自信心，激起继续上进的愿望。体育活动本身蕴藏着许多刺激，如冒险、合作、克服困难等，这些刺激也会给孩子多方面的身体感受和情绪体验。对孩子力量和耐力的培养，绝不只体现在幼儿园和家里设计的那些“练习项目”上，更重要的是体现在孩子的日常活动中。作为家长，应当多陪孩子运动，少给孩子“帮忙”。比如，鼓励孩子多走路、少坐车，自己上下楼梯，自己背书包等。

案例分析

奔跑吧，球哥！

球哥是我儿子，因幼时圆润得名球球，后改称球哥。我是名军人，因职业特殊，平时没有多少时间陪伴孩子，但与球哥却亦父亦友，甚为亲密。这可能与我们的亲子活动有关。2013 年国庆，球球 2 岁零 2 个月，我们牵着他的小手，历时 4 个多小时，成功徒步登顶北京最高峰——海拔 2303 米的灵山。尽管下山时小家伙累得睡着了，但在山路崎岖、年幼体弱的情况下，他表现出来的坚韧和毅力仍让我深深动容。从那之后，我改叫他球哥。2014 年中秋，球哥 3 岁零 1 个月，我们一家自驾草原天路，晚上雨中露营草原。当周围归于寂静，我们三口躺在睡袋里，听着雨落帐篷的“哒哒”声，感觉到一家人相依相偎那种安静和温馨，原来幸福就是如此简单。2015 年“五一”劳动节，球哥差 2 个月满 4 岁，我们来了次疯狂之旅——徒步穿越库布齐沙漠。在沙漠里，我和爱人交替扛着球哥蹒跚而行，百般艰辛自不必说，最让我感动的是我们躺倒在终点沙地上，我问他以后还要不要这样玩，他认真看着我，坚定地说："要!"清澈的眼神中透着点军人倔强坚毅的气质，帅呆了！现在球哥快5岁了，身体健康，热爱运动，勇敢坚毅，阳光开朗，是人见人爱的"开心果"和"小暖男"，我与爱人甚是欣慰。

当今社会，男人们都扮演着不同角色，担负着很多责任，承担着诸多压力。但无论你有多少种身份，也都不如"父亲"这个身份更重要。这是"一生一次，一次一生"的工作，需要珍惜，更要认真履责。不光是多抽出时间来陪孩子，还要发挥男性家长的优势，在拓宽孩子眼界，培养孩子勇敢、幽默、敬业、负责、开放、适应等精神方面多下功夫。

（案例由家长陈泉提供）

女孩也要动起来

小云很小的时候，父母就注意锻炼她的胆量和耐力。3—4岁时，父母常带她去附近的人民公园去玩，绕圈连续行走，爬山练习耐力。小云感到累了，就走慢一些或者歇一会儿。爸爸还拉着小云攀爬公园假山，在高低交错的山石上行走跳跃，从一头走到另一头。小云越走胆子越大，后来自己敢在山石上走，爸爸在下面跟着。4—5岁时，小云学会了骑小自行车。父母就经常骑车让小云在后面跟着骑，从几十米到几百米、上千米。在父母的培养下，小云的意志品质和身体素质都得到了提高，10岁多的时候就能熟练地骑自行车上下学了。

现在很多父母都娇惯孩子，对女孩更是保护得过分，室内活动偏多，户外活动偏少。俗话说"马棚里养不出千里马，温室里长不成万年松"。如果从小生活在一个被过度保护的环境中，不动手，不活动，表面看起来是轻松了、安全了，可同时也失去了锻炼身体素质和生活能力的机会，对孩子的长远发展很不利。所以，不论男孩女孩，不论体壮体弱，都要注意加强身体锻炼。

亲子活动

玩皮球

1. 活动目标：训练幼儿的控制能力和眼、脚协调能力。

2. 活动准备：绒毛玩具4—5个，小皮球1个。

3. 活动方法：（1）妈妈双脚分开当球门，爸爸和孩子轮流用左右脚踢皮球射门，比谁命中率高；（2）在地板上画一个圆圈，孩子用左右脚交换运球前行，最后把球运到圆圈里。为加大难度，中间还可以摆放几个绒毛玩具，让孩子运球时绕开玩具；（3）地上摆好一排4—5个绒毛玩具，拉开一定距离后，爸爸、妈妈和孩子轮流比赛，用手给力，让皮球滚向玩具，谁击中的玩具多谁就获胜。

4. 注意事项：这不是爸爸、妈妈真的跟孩子比赛，所以大人可以“示弱”、少玩，以调动孩子的兴趣和自信。

绘本推荐

《河马爱跑马拉松》

兔子和猴子觉得河马太胖、太重了，根本不适合跑马拉松。而河马也不得不承认自己有一个圆圆的大肚子和一双又重又短的大粗腿，连树干也跳不过，还老是跌倒。因此，兔子和猴子一点儿也不理解为什么河马要参加马拉松比赛。可是，河马还是一个劲地往前跑，不为别的，只因为跑步是他最喜欢做的事情！《河马爱跑马拉松》是《我们爱运动》系列绘本之一。这是一套独特的引导孩子爱上运动的有趣图书，除此之外，还有《我们爱运动——大象能玩撑杆跳》《我们爱运动——小个也能打篮球》《我们爱运动——小兄弟的游泳赛》等。让我们的孩子都运动起来吧，在运动中强健体魄，在运动中锻炼意志！

（导读部分由廊坊市直第一幼儿园特级教师周超编写）

第11讲
练就一双巧巧手

《指南》原文

（二）动作发展

目标3　手的动作灵活协调

3—4岁	4—5岁	5—6岁
1. 能用笔涂涂画画。 2. 能熟练地用勺子吃饭。 3. 能用剪刀沿直线剪，边线基本吻合。	1. 能沿边线较直地画出简单图形，或能边线基本对齐地折纸。 2. 会用筷子吃饭。 3. 能沿轮廓线剪出由直线构成的简单图形，边线吻合。	1. 能根据需要画出图形，线条基本平滑。 2. 能熟练使用筷子。 3. 能沿轮廓线剪出由曲线构成的简单图形，边线吻合且平滑。 4. 能使用简单的劳动工具或用具。

《指南》导读

幼儿手的动作也称小肌肉动作，较之身体的大肌肉动作来说，支配幼儿小肌肉活动的神经中枢发育较晚，因而手的动作远不如躯干、上下肢的活动及协调能力强。科学研究表明，人身体各个部分都在大脑中有相应的区域支配。俗话说“心灵手巧”，“手巧”和“心灵”之间是有着十分密切的联系的。手的动作，特别是手指的动作越多越精细，就越能刺激大脑皮层相应的运动区域，从而使大脑思维活跃，智能发展迅速。另外，孩子小时候也是靠手来认识世界的。1—2岁的时候用手抓、捏、揉、掰，3—4岁的时候涂鸦、搭积木、玩玩具，更是在用手感知材料、发展能力。

3—6 岁幼儿的腕骨、指骨和掌骨的骨化还没有完成，腕部的力量不足，小手的精细化动作比较困难。一般来说，3—4 岁的幼儿手部能够完成一些简单的动作，能用蜡笔、铅笔或油画棒等涂涂画画，可以控制住手腕画短线、线圈，但基本上还是没有目标的画，看着像什么就说是什么。3 岁以前幼儿吃饭往往吃得满脸都是，到了 4 岁能熟练地用勺子吃饭，这一时期虽然走、跑、跳、爬已难不住他们，可以用剪刀沿直线剪，能做到边线基本吻合，但比较细致的手工活动还不灵活。4—5 岁的幼儿，小手日渐稳定有力，能够画出简单的图形，如三角形、四边形等，还能沿着边线对折纸张，能沿轮廓线剪出简单的图形，学会使用筷子吃饭。到了 5—6 岁，幼儿的手部肌肉逐渐发达，能够自如地控制手腕，正确地使用画笔、铅笔进行简单的美工活动，能画出几何图形、人物、动植物等各种图形。大部分幼儿已经能熟练使用筷子，能使用简单的劳动工具或用具从事擦拭、打扫、拖地等一些劳动。

随着幼儿年龄的增长，肌肉、骨骼不断发展，小肌肉动作技能不断增强，他们的自我意识也会表现的越来越强烈，非常愿意自己尝试做一些事情。但在家庭教育中却普遍存在着一些误区，家长没有认识到幼儿手活动与脑活动之间的密切联系，从而忽视了对孩子动手能力的培养。主要表现在以下几个方面。

1. 不肯放手。担心孩子小，怕出事，怕损坏东西，想让孩子做事却又跟前跟后，指手画脚。

2. 包办代替。有些家长凡事喜欢包办代替，致使孩子养成了饭来张口、衣来伸手的坏习惯。

3. 缺乏空间。家里缺乏孩子动手和操作的小天地，孩子想操作却没有机会。

4. 缺少材料。家长为孩子买的玩具外表虽然美观、安全，但是不能拼拆，孩子缺乏动手动脑的材料。

此外，目前的家庭教育中还存在着一个较

为明显的误区，那就是许多家长让孩子过早写字，希望为孩子日后上学打好基础。但专家认为，5岁之前教孩子学写字不利于孩子的成长。因为这时幼儿手的骨骼和肌肉远没有达到成熟程度，手部肌肉的力量很差，不能胜任持久用力的动作。另外，幼儿的手、眼、脑的协调能力也差，难以适应写字这一复杂动作。写字是孩子的一种综合能力的表现，需要有一个过程，所以最好到5岁以后再让孩子开始模仿写简单的汉字。

3—6岁是幼儿小肌肉动作发展的关键时期，因此，父母应该通过多种方式，科学指导并提高幼儿小手的动作技能。这里给出如下建议。

1. 根据幼儿特点，提供动手操作的机会。为幼儿提供画笔、剪刀、纸张、泥团等，或充分利用各种原材料、半成品或废旧材料，让幼儿进行画、剪、折、粘等美工活动。让孩子多接触一些不同性质的物品，如玩沙子、玩石子、玩豆子等。这样可以锻炼孩子手的神经反射，促进大脑发育。

2. 锻炼手指的柔韧性和灵活性。如让孩子经常伸、屈手指，闭上眼扣扣子，摆弄智力玩具、拍球、学打珠算、做手指操等。训练时要注意手脑并用，边做边思考，以增强大脑和手指间的信息联系，提高健脑效果。

3. 引导幼儿生活自理或参与家务劳动，发展其手的动作。如练习自己用筷子吃饭、自己穿脱衣服、扣纽扣、系鞋带、翻书、帮助择菜、揉面团等。

4. 为幼儿选择购买合适的玩具。为孩子选择玩具时，要从培养孩子自己动手的能力出发。一些高级自动化的玩具反而不如普通的积木、橡皮泥或能拆能拼的玩具更利于孩子动手能力的培养。

5. 注意活动材料的安全性。教会幼儿拿筷子、握笔以及使用剪刀、锤子等工具的方法，为幼儿提供的小球、瓶子等操作材料要安全、卫生，不拿刀叉等锋利工具玩耍。用完后工具、材料要放回原处。

6. 交替使用左右手。左手受右侧大脑支配，右手受左侧大脑支配，交替使用和锻炼左右手，可以更好地开

发大脑两半球的智力，促进双手以及手眼的协调能力的发展。

7. 适当引导和鼓励。幼儿的兴趣保持时间往往不长，也容易在困难面前退缩，家长要有意给孩子创造各种成功的机会，并采用一些情景化的语言，让孩子始终乐意参与活动。

总之，对幼儿而言，来自现实生活并且经过自己亲身体验获得的知识和动作技能才是最牢固的。这也提醒父母，锻炼孩子的动手能力，一定要从尊重幼儿的身心特点出发，敢于放手，科学培养。

案例分析

妈妈教宝宝用筷子

从征征2岁多的时候，每到吃饭妈妈就让征征自己坐好，穿好小罩衣，给她一把小勺，盛好一小碗饭菜，教她自己吃饭。征征有时左手使勺、右手抓饭，有时把饭菜弄得身上脸上都是，妈妈也不责怪，还是耐心地鼓励。这样，征征很容易就学会了用勺吃饭。妈妈还教会了征征剥葵花籽和西瓜子，虽然有时候剥得不完整，但从未出现过生吞和卡着的现象。接下来，妈妈又手把手教她用筷子吃饭。开始还在旁边准备了小勺，实在不方便的时候允许征征使勺。经过每天反复不断地教她正确的姿势，征征又很快学会了用筷子。在幼儿园，征征不仅吃饭时比别人快，智力发展也有了相应的提高。

著名教育家苏霍姆林斯基说过，儿童的智慧在他的手指尖上。手指活动能够增强大脑的思维能力，手脑并用的结果，可以使儿童心灵手巧。筷子是中华民族以至东亚民族的饮食工具，富有浓郁的文化特征和益智功能。科学研究表明，手和大脑有千丝万缕的联系。用筷子夹食物，涉及肩部、胳膊、手掌、手指等30多个大小关节和50多条肌肉的运动。就像案例中的妈妈一样，我们提倡家长从小教会孩子用筷子，通过小肌肉的精细配合来促进大脑的发育，助推孩子的心智发展。

妈妈的钢琴梦

小佳快6岁了。妈妈为了培养他的艺术特长，给他报了钢琴班，每个周末都陪他去学琴。可小佳爱跑爱跳，是个好动不好静的孩子，对于弹琴根本提不起兴趣。妈妈反复讲学钢琴可以使小手灵活，头脑聪明，小佳就是不听。其实弹钢琴是妈妈没能实现的梦想，小时候因为家里穷没机会学，现在有了条件，希望在儿子身上实现自己童年的梦。没想到小佳却让妈妈伤心失望。

学钢琴好处很多，但未必适合所有孩子。英国哲学家罗素曾说："父母们最根本的缺点在于想要自己的孩子超过自己，为自己争光。"这个案例中妈妈的问题就在于把孩子当成实现自己理想的工具，而没有真正从孩子自身的特点、兴趣出发。如果这样去引导孩子，十有八九终会失望。教育孩子的前提是尊重孩子，尊重孩子的天性，尊重孩子的选择。如果孩子对弹琴确实没有兴趣，就不要强迫他接受。否则，即使孩子为了应付大人违心地去学琴，也很难学有所成。

亲子活动

弹杏核

1. 活动目的：训练幼儿手指的灵活和思维的敏捷。

2. 活动准备：杏核10—20颗。夏天吃完杏把杏核洗净晾干备用。

3. 活动方法：手握一些杏核，轻轻往地上撒开。选中离得较近的两颗核，确定击打和被击打的杏核，手指从两颗杏核中间划一下，贴近击打的杏核，用拇指压住食指（或中指），朝着被击打的杏核突然发力，以击中被击打的杏核为胜。把击中的杏核捡起归自己，接下来再寻找可以击打的目标，直到把所有可以被击打的杏核都击中为止。

4. 注意事项：（1）从两个对应的杏核中间划道时，手指不得触碰任一杏核，否则算失败。（2）确定好被击打的杏核后，不得击中其他杏核，否则算失败。（3）增加难度，爸爸和孩子暗中手握杏核若干，张手比多少，数量少的把手里的杏核交付对方，由对方撒开先手击打，失败后交付对方重新撒开击打，如此下去，直到所有杏核都被击中为止。各人击中的杏核归自己所有，最后凭手中杏核多少计胜负。（4）游戏之初，爸爸可有意让孩子一把，主要是为了调动孩子的积极性。

绘本推荐

《14 只老鼠吃早餐》

14 只可爱的小老鼠，有爷爷奶奶，有爸爸妈妈，还有老大老二……老七老八，一家 10 个孩子，他们是森林里快乐的一家。早晨起来，爷爷奶奶忙做饭，爸爸妈妈收拾家。小老鼠，不闲着，有的帮揉面，有的在刷牙，七只老鼠采树莓，看到虫子和鲜花……“肚子咕咕叫，我们回来啦!”丰盛的早餐一大桌，14 只老鼠乐哈哈。14 只老鼠的生活可丰富了，还有《14 只老鼠捣年糕》《14 只老鼠洗衣服》《14 只老鼠挖山药》……这一套“大书”孩子们会喜欢的。

（导读部分由廊坊市直第一幼儿园特级教师王大扣编写）

第12讲
日常生活好习惯

《指南》原文

（三）生活习惯与生活能力

目标1　具有良好的生活与卫生习惯

3—4岁	4—5岁	5—6岁
1. 在提醒下，能按时睡觉和起床，并能坚持午睡。 2. 喜欢参加体育活动。 3. 在引导下，不偏食、不挑食，喜欢吃瓜果、蔬菜等新鲜食品。 4. 愿意饮用白开水，不贪喝饮料。 5. 不用脏手揉眼睛，连续看电视不超过15分钟。 6. 在提醒下，每天早晚刷牙，饭后洗手。	1. 每天按时睡觉和起床，并能坚持午睡。 2. 喜欢参加体育活动。 3. 不偏食、挑食，不暴饮暴食。喜欢吃瓜果、蔬菜等新鲜食品。 4. 常喝白开水，不贪喝饮料。 5. 知道保护眼睛，不在光线过强或过暗的地方看书，连续看电视等不超过20分钟。 6. 每天早晚刷牙，饭前便后洗手，方法基本正确。	1. 养成每天按时睡觉和起床的习惯。 2. 能主动参加体育活动。 3. 吃东西时细嚼慢咽。 4. 主动饮用白开水，不贪喝饮料。 5. 主动保护眼睛。不在光线过强或过暗的地方看书，连续看电视等不超过30分钟。 6. 每天早晚主动刷牙，饭前便后洗手，方法正确。

《指南》导读

《指南》“健康”领域在“生活习惯与生活能力”子领域下列出了三个教育目标。第一个目标是“具有良好的生活与卫生习惯”。

生活能力是一个人最基本的生存能力，而生活习惯不仅对身体健康至关重要，还会影响到生活的质量。幼儿期的可塑性大，是培养良好习惯的最佳时期。一些孩子有挑食、吮手、乱挖鼻孔、不爱午睡、看电视没有节制等毛病。这些问题的出现，从主观上说，是因为幼儿的主动性、自觉性、自制力较差；从客观上说，是一些家长对孩子过于溺爱，疏于管理。

著名教育家叶圣陶先生说："我们做人做事，需要种种的能力，所以最要紧的是养成种种的习惯。"习惯的养成虽然与孩子先天的气质不无关系，但更重要的还是靠后天的培养和训练。家长是孩子的第一任老师，所以要把培养习惯这一任务主动承担起来，引导孩子养成良好习惯，促进幼儿健康成长。

人基本的生活需要是"吃喝拉撒睡"，所以生活习惯的培养也主要从这些方面入手。

1. 作息习惯。作息习惯反映了一个人生活的规律性。正确的习惯是早睡早起，适当午睡。幼儿阶段更需要保证充足的睡眠。《指南》中要求"保证幼儿每天睡 11－12 小时，其中午睡一般应达到 2 小时左右"。作息方面的不良习惯是晚上晚睡、早晨赖床。家长要按照《指南》的要求，让孩子按时睡觉、按时起床。要为孩子创设一个安静舒适的睡眠环境，卧室的温度适宜，空气新鲜，被褥合适。入睡前要给孩子一定的时间以调整情绪，做睡前准备。睡前不要过分刺激孩子，不要讲、不要看那些惊险恐怖的故事，不要听那些节奏强烈的音乐，不要做太过激烈的身体活动，以避免孩子过度兴奋或惊恐。睡前让孩子洗洗脚、解好小便，以保证睡眠质量。不要因为孩子胆小怕黑就让他开灯睡觉。如果孩子一时睡不着，也不要去影响他。妈妈可以让他闭目养神，轻轻抚摸孩子帮助他安静下来。如果第二天是节假日，可以适当晚睡，但最好也不要超过 22 点。早晨，在孩子起床前 10－15 分钟的时候，家长可以有意做出一些响动，如拉开窗帘、收拾屋子、播放音乐等，让屋里透进一些阳光和新鲜空气，然后叫醒孩子。叫孩子的时候注意要轻声细语，外加一些抚触的动作，让孩子在第一时间听到父母亲切的呼唤，看到父母温情的笑容。千万不要大呼小叫，特别是强行掀开被子把孩子拉下床，这往往会影响孩子一天的心情。

2. 饮食习惯。首先，饮水对维持人体运行非常重要。一天不吃饭可能就是感觉饿一些，而一天不饮水就可能出毛病。所以水要定时喝、随时喝，不要等到渴得不行了再喝。白开水虽然无色无味，但却最容易被人吸收利用，是最有营养的饮料。《指南》中提出要让孩子养成"愿意喝、主动喝、经常喝”白开水的好习惯，而且要注意“不贪喝饮料”。无论何种饮料，无论广告多么诱人，也不能成为人的主要饮品。饮料为了有味、保质，难免会加入一些对孩子无利甚至有害的添加剂。常喝饮料，可能会抑制或者人为助长身体的发育，久而久之，就会对幼儿健康产生损害。另外有些家长怕家里烧的白开水不干净，缺少微量元素，就让孩子天天喝矿泉水甚至纯净水，这样也会产生副作用。因为幼儿胃肠功能较成人弱，矿泉水中微量元素的含量多是根据成人的标准来设计的，并不适合幼儿摄入。纯净水则因为过于“干净”，长期饮用会使幼儿缺乏营养，而且纯净水在加工过程中使用的一些工业原料，也可能对幼儿胃、肝功能产生不良影响。孩子饮水需要注意的事项还有很多。比如，不能喝生水，不能喝反复烧开的水，不要喝太烫或太冷的水，不要冷热交替地喝水，不要一次过量喝水，剧烈运动后不要过急过快地饮水，饭前饭后不要大量喝水，睡觉前不要大量喝水，不能以水果、蔬菜特别是冷饮来代替喝水，等等。其次，吃饭也非常重要，俗话说“人是铁饭是钢，一顿不吃饿得慌”。饮食方面在本书第1讲“健康体态要保护”里已经讲了一些。目前在食品方面，喜欢甜点、冷饮和油炸食品是儿童最主要的不良习惯。家长为了孩子的营养均衡，就要注意食材的科学搭配，多吃大自然中应季的瓜果蔬菜，教育和引导孩子不挑食、不偏食、少吃零食，不以零食代主食。吃零食不要离正餐太近，不应影响正餐的食量，睡觉前半小时避免吃零食。家长要注意既不要以自己的口味来影响孩子，更要控制或者改掉自己不良的饮食习惯，如偏食、剩饭、边看电视边吃饭等。《中国儿童青少年零食消费指南》把零食分作三个等级，包括可经常食用、适当食用和限制食用。棉花糖、膨化食品和巧克力派等被列入了限制食用的等级（每周不超过一次）。对此家长可做参考。

3. 卫生习惯。《指南》的教育建议中提到的个人卫生习惯主要有三个

方面。首先是刷牙漱口。从2岁开始，就要培养睡前及早晨漱口刷牙的习惯，睡前不要吃零食，注意口腔卫生。刷牙要注意使用儿童牙刷，避免牙刷毛过硬损害幼儿口腔和牙龈。漱口与刷牙相比更为重要，要教育孩子在每顿饭后以及吃零食水果饮料以后，都要及时漱口，防止食物残渣存留，也避免过甜过酸水果汁液损害牙齿。其次是洗澡洗衣。2岁以后，孩子就要逐渐学习用肥皂和水洗手。家长要引导孩子勤洗澡、勤换衣服，保持身体洁净，保持衣服整洁。孩子换洗用具要专用，毛巾要经常消毒。再次是保护五官。不用脏手揉眼，看电视的时间不能过长，保持适当距离不要过近。平时注意不让幼儿接触有尖角易伤害眼睛的玩具，当心眼外伤。不乱挖耳朵、鼻孔，擤鼻涕时不要过分用力，避免物品意外损伤鼻脸或进入鼻内。幼儿感冒时要慎用耳毒性抗生素，以免引起药物中毒性耳聋。幼儿睡觉侧卧时，要当心不要使其耳廓扭卷受压。洗澡时注意不要让水流入耳道内，以免引起炎症。

4. 锻炼习惯。根据天气情况，每天做适量的户内外运动及亲子运动，家里准备一些适宜的活动器械便于孩子身体活动。鼓励孩子和同伴一起开展体育游戏活动。家长还要经常带孩子观看体育竞赛，以提高幼儿对体育活动的兴趣。

家长培养孩子良好的生活卫生习惯，要坚持以下三个原则：

1. 一致性原则。父母应根据孩子各年龄段的神经、精神发育的特点，采用不同的方法。家庭成员对孩子的要求和教育必须一致，以免引起孩子心理紊乱。

2. 鼓励性原则。对孩子的尝试，不论成功与失败都应该正确对待。尝试成功了要给予表扬、鼓励，并提出新的希望和更高的要求；尝试失败了，不要批评指责，不要埋怨，要帮助孩子找出失败的原因，帮助他们克服困难，鼓励再次尝试。对孩子出现的抗拒性心理，应正面引导，不要强迫命令。

3. 坚持性原则。良好卫生习惯的培养应从小开始，它需要经过成人长时间的培养与教育才能养成，一定要反复坚持，持之以恒，不要急于求成。

另外，家长应重视家园共育，关注幼儿园向家长宣传幼儿园生活常规及卫生习惯培养的要求和教育方法，密切配合幼儿园的工作。只有家园合力，才能养成孩子各方面的良好常规及卫生习惯。

案例分析

性急的父母

一对年轻的夫妻教两岁的孩子独立吃饭。第一天，他们很认真仔细地手把手教孩子如何右手拿勺，左手扶碗，一口一口慢慢吃。虽然孩子把饭桌搞得一团糟，弄得满身都是饭粒，但他们没有责怪孩子，还是耐心地教孩子吃饭。第二天、第三天依然如此。可三天过去了，不管父母怎么教，孩子还是不会自己吃，还是把饭桌搞乱，把衣服弄脏。年轻的父母不耐烦了，瞪眼把孩子训斥一顿后，干脆自己喂孩子。就这样，直到孩子三岁上幼儿园了，也没养成自己吃饭的习惯，还是哭着喊着让妈妈喂。

能力的培养不是三天两天就能成功的，何况是两岁多的孩子。让孩子生活自理，家长一定要有足够的耐心。孩子的情况各不相同，有的进步快，有的进步慢，有的进两步退三步，有的把东西搞脏搞乱，这都是正常现象。不能因为孩子学得慢，达不到家长的预期，就干脆“越俎代庖”替他去做。家长不可能代替孩子长大，所以一定要抱着宽容、理解、欣赏的心理去看待孩子的成长，给孩子足够的空间和时间，让孩子慢慢长大。

约法三章看电视

焱钧三岁半了，和许多孩子一样，他很爱看电视，而且是不停地看，不让看就耍脾气。问题是无限制地长时间看电视，不仅对眼睛有伤害，而且还影响休息和学习。于是，我和孩子爸爸就开始想办法，告诉孩子看电视对眼睛有伤害，不能看太长时间。听话的焱钧也认可了爸爸妈妈这个观点。我们跟他商定，看电视不能超过半个小时，还用手机帮助记时间，时间到了手机就会提示关电视。这样既看了电视，也不会伤害眼睛。如果守时，下次还能继续看，否则就不再给看了。约法三章以后，效果非常显著。记得第一次记时间看电视，他没到时间就关掉了电视，然后跑到厨房，非常兴奋地告诉我："妈妈，手机没响我就把电视关掉了，你看我棒吗?"看着他洋溢着自豪的笑脸，我及时给予表扬："你真棒，下次咱们接着看。"他满足地扬着小脑袋，转身接着去玩别的了。最让我感动地是有一次，他最喜欢的《托马斯》一集还没看完铃声就响了。他看看我们，我们也看着他，没有作声，他很不舍，但还是主动地把电视关掉了。

长时间看电视无疑对孩子是有害的。幼儿由于好奇，很难做到自主确定有意义的节目。因此，家长有必要先从时间上加以限制，再逐步过渡到对内容的选择。限制时间有时需要父母的强制或转移注意力等方法，而对内容的限制则要看孩子的兴趣和父母的引导。总之，既要有规矩，又要讲方法。当然，看电视只是孩子获取知识和愉悦的一个方面，父母还要创造更多孩子喜闻乐见的活动方式。

（案例由家长冯朝霞提供）

亲子活动

我帮妈妈洗衣服

1. 活动目的：培养孩子生活自理的能力。

2. 活动准备：防水围裙、脸盆、肥皂、洗衣液等。

3. 活动方法：（1）妈妈和孩子每人一个脸盆，妈妈洗大件的衣服，孩子洗手帕、毛巾、袜子、背心等小件衣物。（2）妈妈教给孩子如何使用肥皂、洗衣液，以及洗衣服搓、揉、洗、涮的方法。（3）洗干净衣物后，把所洗的衣物搭或挂在晾衣架上，晾干后收好。

4. 注意事项：最好使用肥皂或儿童洗衣液，还要防止洗衣液进入孩子口鼻。不要怕孩子洗不干净或者浪费水，只有多给孩子这样的机会，生活自理能力才能培养起来。另外，还要注意及时肯定和表扬。

绘本推荐

《牙齿大街的新鲜事》

小朋友的嘴巴里生活着一对小调皮——哈克和迪克。他俩看中了小朋友的牙齿大街，在牙齿上挖洞建房，还想把整个牙齿大街改造成“龋齿大街”，出租给哈克和迪克的同伴们。这两个小调皮可把小朋友祸害得不轻。直到有一天，一把大刷子带着很多警察出现在牙齿大街上，把大街清理得干干净净，把哈克和迪克赶得无处藏身。接下来，一个巨大的钩子从天而降，制服了哈克和迪克，把他俩赶出了牙齿大街，赶到了大海里。小朋友又有了一条干净整齐的牙齿大街。小朋友的嘴巴里为什么会住进小调皮哈克和迪克呢？那把大刷子和牙齿警察又是干什么的呢？看完《牙齿大街的新鲜事》就明白啦！

（廊坊市直第二幼儿园刘成俊、陈婷婷老师参与编写）

第13讲
自己事情自己做

《指南》原文

（三）生活习惯与生活能力

目标 2　具有基本的生活自理能力

3—4 岁	4—5 岁	5—6 岁
1. 在帮助下能穿脱衣服或鞋袜。 2. 能将玩具和图书放回原处。	1. 能自己穿脱衣服、鞋袜，扣纽扣。 2. 能整理自己的物品。	1. 能知道根据冷热增减衣服。 2. 会自己系鞋带。 3. 能按类别整理好自己的物品。

《指南》导读

基本的生活自理能力是指人们在生活中自己照料自己的行为能力，是一个人应该具备的最基本的生活技能。它包括独立的生活能力、自理能力、独立学习的能力和独立处理问题的能力。生活自理能力的培养在促进幼儿身体发育、养成良好的行为习惯等方面都有着非常重要的意义。在动手做事情的过程中，幼儿手指灵活性、动作协调性、手眼脑协调一致的能力都得到有效锻炼，各方面知识也能融会贯通。幼儿生活自理能力的形成有助于培养幼儿的责任感、自信心以及处理问题的能力，对孩子今后的生活产生深远的影响，是孩子一生的财富。

儿童心理学家认为，0—4 岁是秩序感发生、发展的敏感期，抓住这一时期进行培养，孩子做事情就会越来越有条理，而做事有条理的孩子，长大以后工作也会沉稳，思考问题缜密。家长可以从孩子的年龄特点和实际状况出发，让他们从生活自理、自我服务开始，做一些每天能碰到又不难做到的事，在力所能及的范围内选择孩子能够胜任的事。从自我服务劳动开始，让他获得成功，激发他进一步的劳动热情，慢慢脱开成人的照顾，养成良好的行为习惯。

陈鹤琴先生提出："凡是小孩子自己能够做的，应当让他自己做。小孩子不能单独做的事，或者一时做不起来的事，我们才帮助他做。"基本的生活自理能力主要包括自己吃饭、自己睡觉、自己排便、自己穿衣、自己洗漱和个人空间整理等方面。孩子在上幼儿园之前，家长就要培养他自己吃饭、睡觉、排便的能力，以便适应集体生活。吃饭不要家长喂，睡觉不用家长陪，排便自己能解决。衣着方面，要让孩子掌握基本的穿脱、叠放衣服的技能，逐步形成独立着装的习惯和能力，同时知道根据天气变化和活动形式增减衣服。盥洗方面，知道饭前便后要洗手，饭后要漱口，会自己洗手洗脸、擦鼻涕、洗手帕袜子等小件衣物。4—5 岁的孩子，要学会穿脱鞋袜、扣纽扣。活动结束后，能把自己的物品整理好，按类别放归原处。

家长在培养孩子基本生活自理能力方面应该注意以下几点：

1. 创设环境。在家庭中建立一个有秩序、有规则的环境，让孩子自己学会整理和美化自己的小天地。做完游戏自己整理物品、玩具归位、书、笔等工具放回原处。为孩子准备放图书、玩具的柜子、抽屉，高度要便于幼儿自取自放。

2. 激发兴趣。能力的养成是在生活中逐步形成的，孩子只有更多地参与到个人事务的处理过程中，才能逐步发展成自我服务的能力。对此，家长不能操之过急，要讲究方法。要注意教给幼儿自我服务能力培养的小技巧，以激发幼儿参与的兴趣。比如，学习系鞋带，4 岁就可以开始练打蝴蝶结，用两根颜色不同的粗线在打孔的纸板或布鞋垫上练习，再逐步过渡到系鞋带，这样 5 岁左右孩子自己就能系鞋带。为增加练习的趣味，还可以同时说着富有韵律的儿歌："两个好朋友，见面握握手，钻进大洞口，用力拉耳朵，变成蝴蝶走。"再如，教给孩子正确的刷牙方法："小牙刷，手中拿，上牙从上往下刷，下牙从下往上刷。里里外外都要刷，牙齿咬面来回刷。早上刷，晚上刷，牙齿健康笑哈哈。"家里吃饭的时候，引导孩子帮家长拿东西、摆放碗筷等，同时给予热情的肯定和表扬，这也可以激发孩子参与劳动的兴趣和主动意识。

3. 循序渐进。孩子获得初步的生活自理能力之后，要注意逐步提高他们做事情的速度、质量等。起初家长可以帮一把，然后到帮一半，接下来到口头帮助，慢慢再用倒计时，逐步提高要求。

4. 持之以恒。自我服务能力的培养贵在天天坚持，不要认为孩子还小，长大了再干也不迟，什么事都包办代替，以至吃饭、大小便都有大人帮忙，甚至有的孩子在幼儿园里自己能做的事情，回到家里却“衣来伸手，饭来张口”。久而久之，会使孩子养成依赖心理。另外，在培养幼儿自理能力的过程中，家庭成员之间、家庭和幼儿园要协同一致，对幼儿进行一致性教育，不能各行其是。

“合抱之树生于毫末”，幼儿生活自理能力的培养不是一两次教育就能奏效的，是一个漫长的过程。孩子还小，只要他自己能做，就要给他创造锻炼的机会，在此基础上，施以言传身教，培养幼儿较强的生活自理能力就会成为现实。

凡是孩子自己能做的事情就让他自己做，凡是孩子不会做的事情就让他学着做，凡是大家的事情就让他帮着做。家长朋友，这些你能做到吗？

案例分析

过度保护不如放手

儿子林林小时候，由于老人照看总怕他摔跤，我又疏于引导，结果导致他这方面比同龄的小朋友差很多。当人家孩子能独自上下楼梯的时候，林林却必须由家长领着。每上下一级台阶，他都是先迈上一条腿，然后再把另一条腿挪上同一级台阶。别的孩子可以从较高处独自轻松跳下来，他却要我抱下来。上幼儿园后，大家一起玩滑梯，他费好半天劲爬上去却不敢滑下来，急得直哭……他变得因为胆小不自信，对很多好玩的东西也不敢尝试，甚至害怕。我心急如焚，不知该怎么办，更担心他在幼儿园的生活。我向老师咨询求教，却得知林林在幼儿园里已经学会了独立穿好外套，我真不敢相信。看出我的惊讶，老师告诉我对待林林要放松心态，要多放手，多赏识，多鼓励，少责怪。从那以后，我在家里减少对他的限制，也不把这个危险那个不安全挂在嘴边，还多带他去室外活动。只要有一点进步，我就及时给予鼓励，真诚地夸他“走得稳”“平衡性好”。慢慢地变化出现了：他不再让我用手牵着他了，后来还能自己上下楼了，而且学会了一脚迈一级台阶。又过了一段时间，他从幼儿园回来后说中午在上铺睡的觉。我也看到他和小朋友们一起玩滑梯，虽然还是有点犹豫，但他也能滑下来。那天去公园，他主动地去爬杆，而且爬得还很高，我心中的石头终于落地了。

家长包办太多就会限制孩子的正常发展，这不是爱孩子，反而是害了孩子。孩子学走、学跑以及上下楼、玩滑梯，磕磕碰碰是常事。自己的事情自己做，这既是在培养孩子的自理能力，也是在锻炼其生活的勇气。家长要多引导、敢放手，可以告诉孩子一些注意事项，但不要限制、吓唬。很高兴案例中的家长对此及时做出调整与改变，没有耽误孩子的健康成长。

（案例由家长朱立方提供）

峥峥的规矩

3 岁的峥峥最近不知为什么有了这么一个习惯：晚上睡觉脱衣服时，要先把裤子叠好放在最下边，然后把脱下来的衣服叠好一层层往上放，最后还要把小袜子摆成“八”字放在最上边。妈妈看着奇怪，就说：“峥峥，不用放那么整齐，反正明天起来还要穿的。”峥峥就像没听见，自顾自地整理。到幼儿园后，妈妈把这件事告诉了老师，老师说：“峥峥

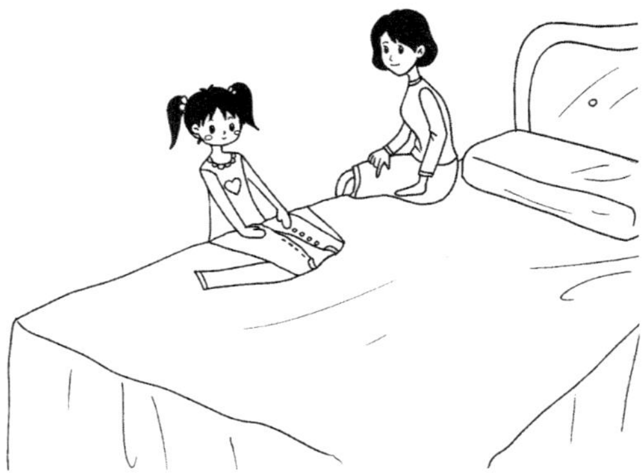

就是这样。中午起床后，小罩衣的两个袖子要卷的一样宽，还在那里比呀比的。这没关系，说明峥峥是个守规矩的好孩子，再说她也到了讲秩序、讲规矩的阶段了。”

这个案例中，幼儿园老师讲得很对。这正是幼儿“秩序敏感期”的突出表现，有的孩子甚至变得更加执拗。家长要尊重这一自然的生命现象，一方面可以利用这一“敏感期”建立孩子的良好习惯；另一方面也要注意观察和倾听孩子，宽容、接纳孩子的一些不太过分的表现。对于那些明显过分的举动，家长也不要急于阻止，要注意观察、分析，究竟是家长有意无意地打破了孩子心中的“秩序感”，还是孩子故意淘气哭闹，然后再做处理。

亲子活动

跟妈妈到超市学购物

1. 活动目的：通过孩子参与购物过程，培养孩子的主动性和计划性，也是孩子从小参加家务活动的体现。

2. 活动准备：在去超市购物前，妈妈征求孩子的意见，看看孩子要买哪些东西。商定之后告诉孩子，今天妈妈要买什么，宝宝要买什么。物品多的时候可以列个购物清单。

3. 活动方法：去超市后让孩子跟妈妈一起选购物品，特别是孩子需要的东西要征询孩子的意见。如果超市里人多，也可以跟孩子分头购物。如果是熟悉的超市，进场前可以跟孩子一起回忆购物清单，先买什么后买什么，既不要落下，也不要重复跑路。

4. 注意事项：让孩子参与购物是一个完整的过程，包括事先的计划、事中的购物、事后的评价等。每个环节都要考虑周全，对于孩子想买的东西，要问他是否需要，是否急需，避免养成花钱浪费、购物随意的习惯。如果想跟孩子分头购物，一定要考虑安全问题事先约定好碰头地点等候孩子。购物时要告诉孩子轻拿轻放，拿了不需要的东西要放回原处，小的东西不能随意放到口袋里，糖果干果之类不能剥开就吃等。

绘本推荐

《勇气》

自己的事情自己做，有时是需要勇气的。有勇气做我自己，有勇气克服惰性。什么是真正的勇气呢？“勇气，是你第一次骑车不用安全轮。”“勇气是搬到新地方，大胆地与人打招呼。”“勇气，是改掉坏习惯。”“勇气，是不开灯就上床睡觉。”“勇气，是努力藏起你小气、嫉妒的一面。”“勇气，是坚持自己的梦想。”让孩子在锻炼生活能力的同时，学会是非观念，学会与人交往，学会自我成长。

（导读部分由廊坊市直第一幼儿园郑宏伟园长编写）

第14讲

防危避险保安全

《指南》原文

（三）生活习惯与生活能力

目标3　具备基本的安全知识和自我保护能力

3—4岁	4—5岁	5—6岁
1. 不吃陌生人给的东西，不跟陌生人走。 2. 在提醒下能注意安全，不做危险的事。 3. 在公共场所走失时，能向警察或者有关人员说出自己和家长的名字、电话号码等简单信息。	1. 知道在公共场所不远离成人的视线单独活动。 2. 认识常见的安全标志，能遵守安全规则。 3. 运动时能主动躲避危险。 4. 知道简单的求助方式。	1. 未经大人允许不给陌生人开门。 2. 能自觉遵守基本的安全规则和交通规则。 3. 运动时能注意安全，不给他人造成危险。 4. 知道一些基本的防灾知识。

《指南》导读

幼儿天性聪颖，活泼好动，对外界事物充满好奇，从几个月时开始，他就挥舞着小手，凡事凡物总想拿自己的手去抓摸、去摆弄，这是他们的年龄特点。但由于他们缺乏对危险事物或行为的辨识能力，自我保护的意识基本为零，自我保护的能力很弱，因此幼儿意外伤害的事故时有发生。据统计，我国每年约有16万0—4岁儿童死于意外伤害，64万儿童因伤致残，而且这个数字还在以每年7%—10%的速度增加。可见，及时对幼儿进行安全教育，教给他们一些必要的生活安全知识，提高他们的自我保护能力，是家长必须高度重视、时刻不能忘记的问题。

《指南》“生活习惯与生活能力”里的目标3，提出幼儿要“具备基本的安全知识和自我保护能力”，主要讲的是要重视以下三种情况。

1. 陌生人。对于陌生人，幼儿很难分辨其好坏。现实生活中拐卖、伤害儿童的事件时有发生。所以，家长要教育孩子，不能随便跟陌生人走，跟熟悉的人走事先也要征得大人的允许。有人强拉自己走，要大声喊叫周围的叔叔阿姨请求帮助。不能随便吃、喝陌生人给的东西，不能随便把家人、住所的信息告诉陌生人。不经大人允许不能随便给陌生人开门，不能让外人触摸自己的隐私部位，等等。

2. 危险事。由于幼儿年龄小，预见能力、自制能力差，同时又对什么都好奇，所以很容易出现这样那样的危险。家长要教育孩子时刻注意安全，不做危险的事，防范危险的事，远离危险的事，同时也要注意不给别人制造危险。

3. 走失时。家长带孩子外出时，一定要提醒孩子紧跟大人，不能让孩子离开大人的视线。家长在打电话、看微信或者跟熟人说话时，一定要随时注意孩子是否在自己身边。要教育孩子，一旦在公共场合走失要保持冷静，不要慌张，不要乱跑，要知道向警察、保安、公共服务人员等求助，说出自己和家长的姓名和联系方式。家长在平时要让孩子记住自己和父母、家庭的一些基本信息，一旦走失时方便好心人帮助自己。

家长在对幼儿进行安全教育、保证幼儿安全方面主要应做到以下三点。

1. 创设安全环境。在家里，要把热水瓶、火柴、打火机、刀具、药品、杀虫剂、消毒液、洗衣粉、洗发液、化妆品、剃须刀等放到安全的地方。较矮的家具上不要放置热水杯、玻璃瓶、刀剪、针线等危险物品。茶壶、暖瓶、炒锅的手柄要尽量向内摆放，避免将其摆在台边或孩子伸手可及的地方。跟孩子玩游戏前，先要看看周围环境是否有不安全的因素，防止孩子磕着碰着。家里电源插座要使用安全插座，平时不用的插座要及时封好，室内不能私拉乱接电线。不要让孩子随意使用厨房刀具灶具。阳台窗台要有安全防护设施。幼儿乘车、坐电梯要有成人陪伴。

2. 进行安全教育。作为父母，不但要为孩子创设安全的生活环境，提供必要的保护措施，还要注重在日常生活中教给孩子一些基本的安全知识，让孩子在自然而然中了解、熟悉、学习、掌握，并能及时得到运用。在家里，要让孩子了解家居环境中那些不安全的事物，讲清楚使用方法和注意事项。养成吃饭、饮水前摸一摸、吹一吹的习惯，避免烫嘴、烫手。吃鱼、吃排骨时，注意先把鱼刺、小骨头挑出来再吃。告诉孩子推门时要推门框，不要推玻璃，不能把手放在门缝里。有些东西可以通过演示或者让孩子小心尝试的办法，在不伤害孩子的情况下，让其了解“尖锐”“锋利”“割”“烫”的概念和危害性，如钢针、竹签、刀剪、炉火、熨斗等。此外，还可以借助于身边的事例教育孩子，以便孩子留下深刻的记忆。例如，在楼道里不能从高处往下跳或从低处往上蹦，不从楼梯扶手往下滑，不推搡打闹。不要在电梯上和商场的自动扶梯上奔跑、玩耍，乘坐电梯不要在轿厢内乱蹦乱跳，不要把手放在电梯门缝处或拍打已经闭合的电梯门。在室外，要教给孩子基本的安全规则和交通规则，当然家长自己也要严格遵守交通规则。公共场合常有一些安全标志，如“小心触电”“小心有毒”“禁止下河游泳”“当心绊倒”“当心路滑”“注意危险”“紧急出口”等，要随时教给孩子辨识并引起注意。

3. 教给救助方法。家长要告诉孩子 110、119、120 等特殊电话号码的含义，遇到火灾或其他紧急情况时知道拨打求救电话。还可以借助图书和音像材料对孩子进行地震、火灾时紧急逃生和紧急求救方面的教育。

案例分析

孩子帮挂挡

某天早晨，一位父亲驾车带着6岁左右的孩子出行，看到路边有豆浆卖，便把车子停在摊位旁，自己下车购买。由于车子就在身旁，这位父亲也没有熄火，甚至忘了拉手刹。没想到，留在车内的孩子一时好奇，用手推了一把挡位挂到了一挡位置，结果车子突然前冲，撞翻了数辆停放在路边的电动车。虽然孩子受到了惊吓，但所幸没有造成更大的损失。

不熄火就把孩子单独留在汽车内是非常危险的。有时容易让好奇的孩子摸到挡位导致不测，还容易引来不法分子盗窃财物，伤害孩子，因此家长千万不能大意。

“咬人”的电梯

小衡的父母在城里某家商城做生意，平时跟孩子不在一起。为了团聚，暑假期间父亲便把5岁的小衡接到父母所在商城的店铺内。某一日午后，小衡与仅大他两岁的表姐在商城内嬉戏。两人在乘坐商城自动扶梯来回几次过后，小衡突然被电梯上的一个小纸片吸引了注意，好奇得伸手去捡，被高速运行的电梯将右手食指夹断，顿时血流如注。在场的店主们见状马上报警并叫来小衡父母，将小衡送往医院抢救。

这样的悲剧看似发生得很突然，却往往源于家长安全意识的松懈和监护管理的不周。在日常生活中，电梯引发的安全事故已被媒体屡次报道，对其安全隐患人们应提高警惕。儿童天性好玩，乘坐电梯时大人一定要看护好。要提醒孩子乘坐电梯的安全事项，尤其不能让小孩子自己乘坐电梯，以免发生安全事故。

亲子活动

辨识家庭日用品

1. 活动目的：让孩子识别家里有危险的物品，提高孩子的安全意识。

2. 活动准备：把家里一些物品拿来放在桌子上，如洗发液、消毒液、灭蚊水、洁厕精、洗衣液、菜刀、剪刀、火柴、打火机、电熨斗等。

3. 活动方法：逐个让孩子加以辨识，说明物品的用途。家长要重点说明这些物品可能引起的危害。

4. 注意事项：有些物品家长可以演示一下其危害，目的是让孩子记住。

绘本推荐

《汤姆走丢了》

汤姆和妈妈一起去商店买东西。商店里，有许许多多的人和好看的东西，汤姆的眼睛都不够用了。他一心想着自己要买的那条裤子。可是，一转身，发现妈妈不见了！汤姆到处跑，到处找妈妈……汤姆走丢了。在一群陌生人中间，汤姆很害怕。小孩子走丢了，害怕是免不了的，害怕得哭起来也是免不了的。但如果真的一不小心遇到了这么让人害怕的事情，该怎么办呢？给孩子讲讲汤姆的故事吧。他们应该懂得一些基本的知识，以保护自己不受到伤害。

（导读部分由廊坊市直第二幼儿园园长刘洁编写）

第15讲

从听入手学语言

语言是人类思维和交际的工具，语言能力是每个人必备的生活能力。幼儿语言能力的发展对其他领域的学习与发展具有非常重要的促进作用。语言能力可分为听、说、读、写几个方面。《指南》将语言领域的内容划分为“倾听与表达”“阅读与书写准备”两个子领域，包含6个将学习与发展目标。

《指南》原文

（一）倾听与表达

目标1　认真听并能听懂常用语言

3—4岁	4—5岁	5—6岁
1. 别人对自己说话时能注意听并做出回应。 2. 能听懂日常会话。	1. 在群体中能有意识地听与自己有关的信息。 2. 能结合情境感受到不同语气、语调所表达的不同意思。 3. 方言地区和少数民族幼儿能基本听懂普通话。	1. 在集体中能注意听老师或其他人讲话。 2. 听不懂或有疑问时能主动提问。 3. 能结合情境理解一些表示因果、假设等相对复杂的句子。

《指南》导读

听的能力是语言能力的基础。听是人类接触世界、认识社会的第一步。研究表明，母腹中的胎儿就有了听力。刚出生的婴儿对母亲的声音有明显的感觉，2—3个月时能够辨别不同人说话的声调，7—9个月时逐渐能听懂自己的名字，一周岁的婴儿开始能听懂一些与自己有关的生活指令。但是，要想真正提高幼儿的听话能力，而且对听到的内容做出迅速、准确的反应，就必须在后天加强培养。《纲要》要求："养成幼儿注意倾听的习惯，发展语言理解能力。"在3—6岁儿童语言发展的关键期，养成良好的倾听习惯和技巧显得非常重要。

听与倾听不同。"听"是听力，是听觉器官接收声音强弱的一种能力，说的是能听到，而不是听懂。对于幼儿的听力，家长要注意保护。比如，不要在杂乱的环境里戴着耳机听音乐，不边听音乐边读书，远离噪声和爆炸，不使用损害听力的抗生素药物，避免打击头部特别是耳部，不用硬物给孩子掏耳朵。告诉孩子擤鼻涕时左右鼻腔分别擤，不能同时捏住鼻腔。乘坐飞机时保护好耳膜，起飞和降落时不能让孩子睡觉，等等。

"倾听"不仅是能听到，而且要会听、听懂，是带有感情的思维活动，是幼儿学习语言、获得知识、学会交往的前提，所以《指南》对幼儿"听"的能力更强调"倾听"。

"倾听"的意思是"侧着头仔细听"。从动作看是微微侧头，从态度看是认真仔细。这样做一是为了聚精会神听清听懂，二是为了向说话人表示礼貌。"倾听"是听说双方完成的语言交流。要让孩子学会倾听，家长就要学会引导。

1. 抓机会。家长要多跟孩子说话、聊天。孩子上幼儿园以后，听家人说话就明显少了。如果父母对这一点不加注意，认为有用的话就讲，没用的话不讲，教训的话就讲，聊天、逗乐的话不讲，既不利于孩子倾听能力的培养，也不利于亲子关系的融洽。这方面往往是妈妈做得好，而爸爸做得不够。在日常生活中，其实有很多事情是可以跟孩子聊、让孩子听的。父母不管多累都要跟孩子说话，和孩子一起讨论他感兴趣的问题。特别要抓住和孩子独处的机会，如乘车、游玩等，多跟孩子交谈。孩子提问题时，家长要耐心答复，不能厌烦。另外，为了让孩子从小学习普通话，父母不管是什么方言，在孩子面前一定尽量讲普通话，这既有利于孩子更好地融入集体，也避免孩子说话南腔北调。

2. 讲技巧。想教会孩子倾听，首先要注意倾听孩子。让孩子听大人说话，大人也要从孩子角度出发，说话不要太快，讲孩子能听懂的话。跟孩子说话特别是讲故事时，要讲究语气、语调、表情、动作，必要的时候可以稍微夸张一些。同时也可以利用悬念的方法，让孩子产生好奇。对孩子提要求时提醒他注意听，听不懂要问。为了提高孩子的理解水平，可以根据他们的年龄特点，尝试使用一些新的词语和反映因果、假设、条件关系的句子。

3. 教方法。告诉孩子听别人说话时要集中注意力，头要稍稍侧倾，不能想别的玩别的。要注意看对方的表情，与说话人保持眼神沟通。不轻易打断别人或干扰别人说话，有疑问时可以提问，但要等别人中间停顿或说话结束。对于5—6岁的孩子，要提出稍高一点的要求。比如，听话要有回应，别人说话要有应答；听话要细心，要注意捕捉别人说话的重点词（可以跟孩子做这方面的游戏）；听话要虚心，别人说出与自己不同的意见或是给自己提意见时要认真接受，尽量不马上去反驳；听话要分析，别人的话不要盲从，特别是陌生人的话不要轻信。

案例分析

再累也要顾孩子

妈妈是银行一名职工，工作既单调又紧张，每天回到家都跟骨头散了架一样，话都懒得说。女儿媛媛天天缠着妈妈讲故事，妈妈难免厌烦，就把电视或电脑打开，让孩子去看动画片或是玩游戏。时间长了，妈妈发现媛媛不爱理自己，跟媛媛说话时她也装听不见，而且看动画片也是边看边玩，不能集中注意力。妈妈觉察出了自己的问题，开始慢慢改变。下班后稍稍休息一会儿就给媛媛读一些歌谣，一边做饭一边跟女儿聊天，孩子睡觉前还给她讲个小故事。媛媛高兴了，听话了，注意力也集中了。有时看妈妈累了还给妈妈拿盒酸奶或是给妈妈捶背。

这个案例中，妈妈开始由于工作累而忽视了跟孩子的情感交流，后来妈妈主动改变了策略，通过读歌谣、讲故事的方式拉近了与孩子的距离，也使孩子的倾听习惯得到了改变。其实，不管父母多忙多累，都要尽量抽出时间陪孩子玩儿、陪孩子说话，一起读书、讲故事。这是在沟通感情，也是在培养能力。

彩虹色的花悄然绽放

我的女儿在幼儿园上小班。入园半年多了，在班里一直表现得内向安静，跟在家里爱说爱笑的她简直判若两人。三月里，幼儿园组织绘本剧演出。在商量角色的过程中发生了一段小插曲。班里确定排练绘本剧《彩虹色的花》，一共七个角色，太阳、花朵以及五个小动物，让家长跟孩子商量一下报名。定角色那天晚上闺女已经睡了。我从女儿这一段时间的表现来看，觉得她除了“花”，剩下别的角色都可以试一试。因为“花”的角色台词实在太多了，怕她演不好。没想到第二天闺女醒来，我刚跟她说需要演一个角色时，她就说想演“花”。我感到心里没底，但是看到她那坚定的眼神，我决定给她争取这个机会。班级老师也支持了我的想法，让我在家里多给孩子讲讲这个故事。在家里我给女儿讲，也让女儿再讲给我听。我俩尝试着扮演各种角色，设计动作、表情、语气，还一起做道具。我从不给她压力，所有环节都在欢声笑语中进行。女儿从开始说不好一句完整的台词到后来所有角色的台词都可以说出来，我确实感受到了女儿的进步。在班级排练过程中她还给其他小朋友提醒台词，帮助老师解决小伙伴之间的矛盾。最后的演出可以说非常成功，女儿表演得很好。

每个孩子有极大的潜能和无穷的创造力，就看父母给没给他们创造尽情展示自我的机会以及恰当的引导，是不是从欣赏的角度放手让他们成长。案例中的妈妈给孩子争取到了演“花”的机会，耐心地引导、帮助孩子，她也欣喜地看到了这朵“花”的华丽绽放。

（案例由家长张波提供）

亲子活动

服从命令听指挥

1. 活动目的：训练孩子的听、记能力和反应能力。

2. 活动准备：妈妈口令中提到的东西。

3. 活动方法：妈妈连续口述三四个指令，要求孩子按妈妈说的顺序依次完成。只说一次，不能重复。比如，宝宝，看看几点钟了，到厨房西面的台面上把我的玻璃水杯拿来，杯里灌上半杯凉水，再从灶台旁边的筷子笼里拿个小勺。

4. 注意事项：（1）妈妈的指令要尽量简单明确，让孩子听清楚。（2）指令难度要依照孩子的实际情况来定。要让孩子有成功感，不要一开始就把孩子难住了。（3）这个游戏日常生活中可以随时来做。

绘本推荐

《花婆婆》

海边一幢小房子里，住着一位花婆婆。花婆婆还是一个名叫艾莉丝的小女孩的时候，曾经跟爷爷说长大以后要像爷爷一样，住在海边，到很远的地方旅行。爷爷说这些都不难，但一定要记得还要做一件让世界变得更美丽的事。“怎样让世界变得更美丽呢?”艾莉丝用了几十年来思考这个问题，最后终于实现了对爷爷的承诺。她也因此成了一位令人喜爱的花婆婆。花婆婆做了什么事呢？我们是不是也要用自己的努力使世界变得更美丽呢?

（廊坊市直第一幼儿园董瑞敏老师、廊坊市直第二幼儿园张金梅老师参与编写）

第16讲 从说入手练表达

《指南》原文

（一）倾听与表达

目标2　愿意讲话并能清楚地表达

3—4岁	4—5岁	5—6岁
1. 愿意在熟悉的人面前说话，能大方地与人打招呼。 2. 基本会说本民族或本地区的语言。 3. 愿意表达自己的需要和想法，必要时能配以手势动作。 4. 能口齿清楚地说儿歌、童谣或复述简短的故事。	1. 愿意与他人交谈，喜欢谈论自己感兴趣的话题。 2. 会说本民族或本地区的语言，基本会说普通话。少数民族聚居地区幼儿会用普通话进行日常会话。 3. 能基本完整地讲述自己的所见所闻和经历的事情。 4. 讲述比较连贯。	1. 愿意与他人讨论问题，敢在众人面前说话。 2. 会说本民族或本地区的语言和普通话，发音正确清晰。少数民族聚居地区幼儿基本会说普通话。 3. 能有序、连贯、清楚地讲述一件事情。 4. 讲述时能使用常见的形容词、同义词等，语言比较生动。

《指南》导读

说话既是基本的语言表达能力，也是人际交往的基础。家长在培养孩子听话的同时，也要训练孩子说话，引导孩子表达自己的态度和情感。《指南》对此提出的目标是“愿意讲话并能清楚地表达”。《指南》评价幼儿的说话能力，首先不是“会说”“说好”，而是“愿说”“敢说”，做到这一点离不开家长的鼓励。

实践证明，3—4岁的幼儿已经掌握了本民族的基本口语，并积累了用于日常表达的相当一部分词汇。4—5岁幼儿的表达由单词句、双词句向完整句、复合句发展。虽然这时有的字词发音还不够正确，但已基本上可以清楚地表达自己的想法了。5—6 岁幼儿的自我意识已经形成并逐渐增强，与同伴交流的意愿和技巧也相应地有了发展。

要让孩子说得好，家长就要拿出足够的时间和耐心与孩子交谈。孩子特别感兴趣的事，家长也要表现出兴趣，积极地跟孩子讨论。对于爱说的孩子，家长不能嫌烦，要认真倾听孩子的表达；对于不爱说的孩子，家长可以提出一些连续性的小问题作为“台阶”，引导孩子把一件事、一段话说完整。孩子由于生活经验少，掌握词汇少，思维能力差，有些话可能说不完整，有些事情表达不清甚至会出现张冠李戴、驴唇不对马嘴的现象。这时候家长不要着急，更不能粗暴制止。孩子因为急于表达而说不清楚时，要提醒他不要着急慢慢说。孩子说得断断续续，家长可给以提示或者补充，帮助孩子厘清思路顺畅地说出来。有时候孩子的话确实无法搞明白，家长也不要急躁，只需给孩子亲切的目光和温柔的期待就可以了。只有这样，才能提高孩子说话的信心，勇敢地说出自己的想法。要知道，家长耐心倾听、耐心引导是对孩子表达的最大肯定，也是孩子的最大满足。家务多忙、工作多累，也不差与孩子交流这点时间，但对于孩子来说，如果错过了这一段语言发展大好阶段的培养，恐怕是终生都无法弥补的。

有的家长听孩子说话不是积极回应，而是简单地用“啊”“哦”去敷衍；有的孩子刚一开口说话，还没等他把意思表达充分，家长就说“行了行了，我知道了”，粗暴打断孩子的话，这样长此下去很容易抑制孩子的自尊心和积极性。孩子如果长期生活在紧张压抑的语言环境中，语言表达能力就会受到影响，严重的甚至可能会形成口吃。实际上跟孩子在一起听、说，也是家长的一大兴趣。孩子天真无邪、可笑好玩的语言，正可以给家长带来一天劳碌之后的放松。方便的时候，家长还可以把孩子的话录下来，过一段时间放给孩子听，既可以通过回放纠正孩子的口误，也是对孩子童年生活的宝贵记录。

“说”是有标准的。《指南》根据幼儿年龄的不同，提出了清楚、完整、有序、连贯的要求。对于3—4岁的孩子，要求的是口齿清楚。家长要帮助孩子正确地发音，可以跟孩子一起说儿歌、唱童谣，一些简短的故事可以让孩子复述。普通话和方言最大的差别在于字音，家长要有意识地使用普通话，同时纠正孩子不正确的发音。一般来说，汉语的“四声”中，第一声最容易掌握，其次是第四声、第二声，第三声最难。家长要教给孩子正确的发音声调，否则以后就不好改正了，如不能把“奶奶”“姥姥”读成第一声等。不要为了好学，教孩子那些错误的双音字，如“吃饭饭”“睡觉觉”等；也不能觉得好玩，去强化那些错误的读音，如把“吃饭”说成“七饭”，把“喝水”说成“喝匪”。正确的做法是纠正而不重复，实在不好纠正也要注意用正确的读音来强调。正确的发音需要唇、舌、喉多个器官的协调配合，要关注和提醒孩子说话不能“偷懒”，只用一个部位来发音。

对于4—5岁幼儿的要求是“说完整”。家长要随时随地教孩子说一些完整的句子和不同的句式，教孩子“连词成句”，把简单的词语扩展成完整的语句，把颠倒的语序按照正常的习惯来排列。比如，孩子说“去公园，妈妈”“看球赛，爸爸”，家长可以教孩子说“妈妈，我们去公园吧”“爸爸在看球赛”“爸爸坐在电视机前看球赛”等。对于5—6岁幼儿的要求是“有序、连贯、清楚”地讲述一件事情，同时能够使用一些形容词。家长应多跟孩子聊天，也可以让孩子练习复述故事、仿编故事、续编故事等。孩子说话的时候家长不要轻易打断，遇到困难卡壳或孩子自认为故事讲完了时，家长可以用一些问题来提示引导。此外，还要通过家长示范以及一些电视节目，培养孩子用眼神、表情、语气、动作来帮助表达。家长跟孩子说话时，要有意识地把语速放慢一些，多用一些形容词和新词语，结合环境引用一些成语、古诗等，同时用孩子能够听懂的话来解释，以丰富孩子的语汇。比如，春天走在公园里，可以教给孩子“桃红柳绿”“草长莺飞”等词语，引用“万条垂下绿丝绦”“草色遥看近却无”等诗句；秋天到郊外，可以教给孩子“秋高气爽”“一叶知秋”等，引用“无边落木萧萧下”等诗句。这样时间长了，孩子可能就会做到语言流畅、内容丰富、词句多彩、富有感情，那家长一定要及时表扬，让孩子体验到自由表达的乐趣和成功感。孩子这方面的特长如果得到保持和发展，说不定将来能成为一个演讲或表演的高手呢。

另外，家长还可以利用带孩子外出活动的机会，有意识地培养孩子观察和表达的兴趣，在孩子观察时适当引导，自然地、轻松地跟孩子交谈。长此以往，不仅能满足孩子的好奇、好问、好想象、好思考的要求，而且能加深孩子的认识，对其提高口语表达水平也会起到积极的促进作用。

这里顺便谈一下幼儿学英语的问题。当前，很多幼儿园都开设了英语课，那完全是为了迎合家长，既不出自教育部门要求，也不符合幼儿学习语言的特点。幼儿阶段诚然是学习语言的极好时期，但是在学习母语的初期学习英语，很容易造成互相干扰、互相混淆，结果是啥也学不好。幼儿时期的外语学习，对小学阶段并无多大帮助。因为按照国家的课程计划，绝大多数小学是在3年级才开设英语课，幼小之间有3年的“英语空白期”，难以做到直接衔接。何况目前幼儿园没有几个真正英语专业的教师，容易教得“南腔北调”，到了小学还得老师去费力纠正，这就得不偿失了。

案例分析

老师，您好！

2014年我第一次接任小班。开学后两周孩子们已经不哭闹，而且能高兴地进班，主动问：“老师好！”唯有子涵特别，每次他来园时都是我弯下腰微笑着对他说：“子涵，你好！”可子涵却不理我，自顾自地慢慢走到自己的位置坐下。经过几天观察，我发现他并不是不爱说话，他跟小朋友聊得很开心，集体活动时老师提出问题也能回答，吃饭时还能主动向老师说“我还想吃”。于是，我连续三天想尽办法教子涵向老师问好。第四天早晨，子涵来园后终于小声地说了一句“老师好”，我非常高兴。可是第五天早晨来园时子涵又不说“老师好”了。我反复想了想，突然发现了问题，子涵爸爸每次送孩子时，都是把孩子往屋里一推，什么话都不说就走了。我想问题的关键也许是在这里。以后每次早晨子涵来园时，我都是微笑着先对子涵的爸爸说：“子涵爸爸，早上好！”然后对子涵说：“子涵好！”刚一开始，子涵爸爸只是点头不说话，子涵还是依旧。我没有放弃，每天早上都坚持这样的问好。慢慢的，子涵爸爸由点头到微笑着轻轻“嗯”一声，到最后很不好意思地跟我说了一句：“老师，早上好！”子涵在旁边也轻轻地说了一句：“老师，早上好！”我激动地和子涵爸爸、子涵再次说了句："早上好!"并向子涵送出了爱的拥抱。这以后子涵和他爸爸每天早晨来园时都会主动地说："老师，您好!"

就是这一句简单的问好，也能看出家长对孩子的影响。对于基本的问候、基本的礼貌用语，家长要注意在家庭生活中的运用，不要觉得无所谓。父母说话文明，彬彬有礼，孩子自然会学习模仿。孩子从小知道讲文明，长大也一定错不了。

（案例由张伟芳老师提供）

带着问题听故事

妈妈每次给小芳讲故事时，小芳都一声不吭地坐在旁边听，也不知道她听懂没有。于是妈妈就让小芳听完故事回答问题，可很多问题小芳都回答不上来，妈妈很烦恼。跟幼儿园老师沟通后，老师说讲故事前提问题效果较好。妈妈抱着试试看的态度，重新给小芳讲起了故事。这次妈妈讲的是《卖火柴的小女孩》。讲之前，妈妈先给小芳提了三个问题：最疼爱小女孩的人是谁？小女孩这一天卖出了几根火柴？小女孩最后的结局是什么？妈妈重复了两遍问题后开始讲故事。这次，小芳在旁边认真地听故事，妈妈讲完故事再提问时，小芳竟然顺利地回答出了所有问题。妈妈非常高兴，以后每次在讲故事前，都会先安排几个简单的问题，让小芳带着问题去听。这样小芳听起故事来更认真，理解起来也更容易了。有时她也会给妈妈讲故事，还给妈妈提问题呢。

这个案例中，妈妈通过预设问题的形式，把孩子的注意力很好地集中到故事上来，这个办法很好。既激发了孩子听故事的兴趣，也降低了理解故事的难度，又锻炼了孩子思考和表达的能力，所以收到了很好的效果。当然，家长在设计问题时要考虑到孩子的理解能力，提出的问题要由浅入深，好懂、好回答。

亲子活动

我是谁？

1. 活动目的：训练幼儿的思维能力和语言表达能力。

2. 活动方法：活动开始前，妈妈先给孩子演示一遍，从各种角度回答“我是谁”。例如，我是宝宝的妈妈，我是姥姥的女儿，我是老师，我是家里头发最长的人……然后活动正式开始，妈妈说一个，孩子说一个，这样一个一个说下去，谁说得既多又对为胜，说错了或超过规定的时间为输。如果这一局说的句子不多，下一局可以接着说，如果说得足够多了可以更换主题。如“你是谁（说对方）”“他是谁（说别人）”等。

3. 注意事项：当孩子“卡壳”的时候，妈妈要引导启发，不要急于开始下一局比赛，让孩子学会从尽可能多的角度来表达同一件事物，但必须符合事物的特点。

绘本推荐

《猜猜我有多爱你》

小兔子为了说出对大兔子的爱，把手举得最高，把手伸展得最长，还玩起了倒立和跳跃。最后，他对大兔子说：“我爱你一直到月亮那里。”“这真是非常非常的远。”大兔子说。他深情地亲了亲已经困倦的小兔子，轻声地说：“我爱你一直到月亮那里，再从月亮上回到这里来。”这不是一个简单的语言游戏，而是一份最伟大、最神圣的情感。小朋友，你能说出你有多爱自己的爸爸妈妈吗？

（廊坊市直第一幼儿园特级教师张玉芝、廊坊市直第二幼儿园张金梅老师参与编写）

第17讲
语言交流讲文明

《指南》原文

(一)倾听与表达

目标3　具有文明的语言习惯

3—4岁	4—5岁	5—6岁
1. 与别人讲话时知道眼睛要看着对方。 2. 说话自然，声音大小适中。 3. 能在成人的提醒下使用恰当的礼貌用语。	1. 别人对自己讲话时能回应。 2. 能根据场合调节自己说话声音的大小。 3. 能主动使用礼貌用语，不说脏话、粗话。	1. 别人讲话时能积极主动地回应。 2. 能根据谈话对象和需要，调整说话的语气。 3. 懂得按次序轮流讲话，不随意打断别人。 4. 能依据所处情境使用恰当的语言。如在别人难过时会用恰当的语言表示安慰。

《指南》导读

俄罗斯文学家契诃夫说："人的一切都应该是美的：容貌、衣裳、心灵、思想。"语言是人们交流思想的工具，是人心灵的一面镜子。文明的语言习惯体现出一个人的品德修养。3－6岁是幼儿学习语言的敏感期。重视文明表达的教育，使幼儿从小养成文明讲话的习惯，对他们一生的健康发展有着非常重要的意义。

我国是文明古国，自古就有"不学礼，无以立"的说法。语言文明是文明礼仪的重要组成部分。《礼记》中把语言文明作为人有别于其他动物的重要标志："鹦鹉能言，不离飞鸟；猩猩能言，不离禽兽。今人而无礼，虽能言，不亦禽兽之心乎？"孔子也要求自己的学生"非礼勿视、非礼勿听、非礼勿言、非礼勿动"。不合礼仪的话不要说，不合礼仪的事不要做。

幼儿阶段在语言交流方面要养成哪些文明习惯呢？《指南》在"倾听与表达"的目标3中有如下的提示：

1. 积极回应。听说活动是相互之间的沟通和交流。回应既是交流的技巧，也是听话的礼貌。要告诉孩子别人说话时用心去听，并自然地注视对方，观察对方的神态和动作，不能东张西望，也不能随意打断别人的谈话。正确的回应既包括眼神，也包括动作。如果认可对方的话，可以用微笑、点头来回应。别人提问时要积极思考、主动回答。回答时要目视对方，不要低头或旁顾，也不要做一些不必要或者不雅观的小动作，如玩指甲、弄衣角、搔脑勺、抠鼻孔等。

2. 音量适中。恰当控制说话的音量体现了一个人的修养和礼貌。说话声音大小要看环境和对象。其实，除了开会、讲课、舞台表演等环境下声音要适当大些以外，公共场合一般来说要掌握能让对方听清而又不影响其他人的原则，声音不要太大。很多人习惯高声大嗓，实际上是一种"噪声污染"，在骚扰别人的同时也损害了自己的形象。《弟子规》讲"尊长前，声要低，低不闻，却非宜"，就很好地说明了这一点。

3. 用语礼貌。要让孩子从小学会打招呼和问候别人，恰当使用礼貌用语，如"您""您好""请""再见""谢谢""对不起""没关系""不客气"等。有些礼貌用语需要辅以一些动作，比如，说"您好"时要微微低头或点头微笑，说"再见"时可以握手或摆手等。说话要讲究态度和方式，不说脏话、粗话、狠话。

注意别人的情绪变化，别人高兴时，可以用合适的语言表示自己的快乐；别人难过时，自己也要控制一下情绪，同时说些安慰的话。公共场合的语言文明也很重要。家长要提醒孩子在公共场合不哭闹、不大声喧哗，对服务人员说话要客气，不适合在公共场合说的私事不要说，等等。

怎样培养孩子文明的语言习惯呢?

首先，家长说话要讲文明。托尔斯泰说过：“全部教育都可以归结到榜样上，归结到父母生活的端正和完善上。”在家庭生活中，夫妻要相敬如宾，不要当着孩子大吵大闹。家人之间要彬彬有礼，注意说话礼貌。不能因为在自己家里，说话就可以随意甚至放肆。年轻的父母对老人要孝敬，说话要使用敬辞敬语。对子女要疼爱，要以平等的态度对待孩子，有时可以蹲下来把视线放低，耐心跟孩子交流。在公众场合要衣着整齐，语言文明，不大呼小叫，不胡说八道，给孩子做出好榜样。《弟子规》中说的“父母教，须敬听”“出必告，反必面”“称尊长，勿呼名”“奸巧语，秽污词。市井气，切戒之”。这些规矩不只是针对孩子，更是大人需要遵守的。

其次，要引导孩子讲礼貌。“打招呼”是一种基本的语言交际方式，要让孩子养成打招呼的习惯。见了人要打招呼，出门、回家也要跟家长打招呼。打招呼要注意称呼，不能没有称呼就直接发话。这方面家长要先做出示范，家庭成员之间要有打招呼的习惯，家里来了客人要热情招呼。要求跟客人说话时举止大方，不畏缩扭捏。见到陌生人，家长先要把称呼告诉孩子，然后可以介绍一下身份、职业等，让孩子对其有个初步了解。经过这样的引导，孩子就会对外人做出基本的判断，知道什么人可以称呼“爷爷”“奶奶”“叔叔”“阿姨”。当然孩子称呼错了也没关系，家长及时纠正过来就可以了。

再次，不要强迫孩子说话。有些孩子遇人害羞、不爱打招呼，家长也不必着急，特别是不能当着外人数落孩子。这样做往往会适得其反，孩子以后可能会更加畏缩。其实，孩子或许是在用心于自己的事，或许一时没有想好说什么，或者觉得还不熟悉，或者还有别的什么原因。家长只要做出示范、耐心引导，孩子是会慢慢变化的。有的时候外人来时孩子不说话，没准儿走的时候孩子就会客气地说“叔叔再来”“阿姨再见”了。

还有些情况跟家长的负面提醒有关，如“不轻易跟陌生人说话”等。其实，孩子每天都会见到陌生人。亲戚朋友、老师同学也是由陌生变得熟悉的。很多事是需要孩子自己去体会、去经历的，不能让孩子天天生活在警觉之中，天天用心去防备坏人。

孩子说脏话是家长比较头疼的问题，有时会让人十分难堪。其实，孩子由于年龄小，并不完全理解脏话的意义。有的孩子说脏话是觉得好玩，想因此引起家长更多的注意。家长对他不理睬，事情可能就过去了。如果过度反应，大加斥责，甚至以打骂对脏话，只会刺激孩子重复脏话的行为。在孩子开始说脏话的时候，家长一定要注意冷静处理。不能对孩子进行强化。家长也不用说太多的大道理，只需告诉孩子这样说话是不文明的行为，会让周围人不喜欢，还会影响自己的形象，会让别人笑话、看不起的。

案例分析

霸道言行要改正

快要开饭了，我提醒着："小朋友上厕所，然后洗手，该吃饭了。"这时，女孩先如厕，我在门口看着，女孩排队进入厕所，挨个蹲下。只见然然一下子把怡可拽过来，自己蹲了下去。我走过去问她："为什么把别人拉到边上，自己先上？"她理直气壮地说："凭什么她在前边挡着我？"我想起来，昨天在室外活动玩滑梯的时候，然然也是把已经站好的康康推到一边，自己霸占第一的位置。这样的情况不止一次，我专门做了家访。在交谈中，她姥姥和我说了实话："我们两家就这么一个宝贝疙瘩，疼得不得了，啥都先紧着她来。到外边也是生怕她吃亏，告诉她不能在别人后边，不能让别人欺负。"这下我明白了，长期的错误引导让孩子走上了极端，殊不知这是害了孩子啊！针对这个问题，我给家长提出了建议。第一，告诉孩子在公共场所要排队，懂得谦让，好多时候没必要去争第一，等一等会很和谐，这样别人也会尊重你、谦让你；第二，让孩子学会说文明礼貌用语，赢得大家的尊重；

第三，教孩子换位思考，如果别人这么对待你，你是不是也很难受。家长听取了我的意见。后来，在家长和老师的共同引导下，然然的言行有了很大的变化，说话客气，不再争抢，有时遇事还会悄悄地和同伴说："我不着急，你先来吧。"

语言文明是文明礼貌的重要内容。说话文明、行动谦让是良好的行为习惯。这一习惯不仅能够提升一个人的品德修养，也会赢得他人的肯定和尊重。家长在这方面要给孩子做好示范，而不能进行错误的引导，不能养成孩子言语无度、唯我独尊的坏毛病。

（案例由王馨老师提供）

爷爷，是您不对！

一天早晨，爷爷送芳芳去幼儿园，正好遇到公交车在路口等红灯，爷爷拍打车门要上车。司机客气地说："还有几步路，拐过弯去到车站上车吧。"没想到爷爷猛拍车门，破口大骂。司机没有办法，只好开门。上车以后，芳芳的话让司机和乘客心里很不是滋味。芳芳对爷爷说："爷爷，是您不对！车在路口不能开门上车，老师说这样不安全。"芳芳又对司机说："叔叔，对不起，是我爷爷不对。"

大人的言行是孩子的标杆。要让孩子讲文明，家长首先要做出表率。案例中的爷爷举止粗野、出口不逊，不仅没给孩子做好榜样，还让孩子在众人面前很丢面子。芳芳既讲安全又讲文明，做得很好。不知爷爷听了孙女的话有何感想？

亲子活动

学会接待客人

1. 活动目的：学会用文明用语独立接待客人，培养幼儿语言文明和主动交往能力。

2. 活动准备：水杯、瓜果等。

3. 活动方法：（1）爸爸妈妈装扮成孩子较为熟悉的亲戚朋友来访。孩子迎接引导客人到客厅坐下，端水、递瓜果。这中间孩子可以说“叔叔好”“叔叔请进”“叔叔请坐”“叔叔喝水”等。(2) 孩子告诉客人，父母不在家，如果有事可以告诉他，或者让客人留一张字条，由他转交父母；(3) 客人走的时候，可以说“叔叔慢走”“叔叔再来”“不客气”“叔叔再见”等。

4. 注意事项：(1) 爸爸妈妈可以扮成不同的亲戚与客人，看孩子的反应能力；(2) 水杯可不用装热水，防止孩子烫手；(3) 爸爸妈妈装扮成客人，可以根据其身份跟孩子聊聊天。

绘本推荐

《遇到你，真好》

这是一个催人泪下的故事：小棘龙到海边来摘红果子，不幸遇到了霸王龙，他要把小棘龙一口吃掉。可就在这时候，可怕的地震发生了，大地分成了两半，小棘龙和霸王龙被隔在了一个孤岛上。不会游泳的霸王龙想吃掉小棘龙，可小棘龙说能为他捕鱼吃。小棘龙天天给霸王龙捕鱼，霸王龙不再想吃小棘龙了，小棘龙也教会了霸王龙吃红果子。最重要的是，小棘龙喊霸王龙叔叔，还说他“太棒啦、真好玩、你真酷、你真好”。小棘龙真诚的话语温暖了霸王龙冷酷的心灵，他变得温柔了，也变得慈爱了，他俩成了生死与共的好朋友。最后，霸王龙为救小棘龙葬身大海，小棘龙流着伤心的泪水说：“叔叔……遇到你，真好。”

（廊坊市直第二幼儿园园长马永娟参与编写）

第18讲

引导孩子爱读书

《指南》原文

（二）阅读与书写准备

目标1　喜欢听故事，看图书

3—4岁	4—5岁	5—6岁
1. 主动要求成人讲故事、读图书。 2. 喜欢跟读韵律感强的儿歌、童谣。 3. 爱护图书、不乱撕、乱扔。	1. 反复看自己喜欢的图书。 2. 喜欢把听过的故事或看过的图书讲给别人听。 3. 对生活中常见的标识、符号感兴趣，知道它们表示一定的意义。	1. 专注地阅读图书。 2. 喜欢与他人一起谈论图书和故事的有关内容。 3. 对图书和生活情境中的文字符号感兴趣。知道文字表示一定的意义。

《指南》导读

“月亮在白莲花般的云朵里穿行，晚风吹来一阵阵快乐的歌声。我们坐在高高的谷堆旁边，听妈妈讲那过去的事情……”一首老歌传唱了50多年，那舒缓优美的旋律引起人们多少童年的回忆！听着这首歌曲，年轻的爸爸妈妈都会饶有兴味地记起小时候听大人讲故事，跟小伙伴看图画书的情景。而给宝宝讲故事，看着他安然入睡，这又是多么温馨幸福的事情！

孩子是从听故事中逐渐长大的。有故事的童年才是幸福的童年。1—2岁的孩子，语言能力还不完善，但已经非常喜欢妈妈给他唱儿歌、说童谣了。伴随着游戏，玩着“娃娃”，父母可以就近取喻，创编一些小动物的情景故事。孩子一边听、一边说、一边玩，在温馨的氛围中会越来越喜欢跟大人交流。2—3 岁的孩子已经能讲很多话，但是记忆力和理解力还不是很好，可以给孩子讲一些带有重复性语句的故事和歌谣，像《拔萝卜》《三只蝴蝶》等。4—6 岁的孩子，想象力和创造力都在增强，是非感也在树立之中。家长可以选择一些生活故事、科学故事、历史故事、民间故事、寓言童话等给孩子读。亲子阅读是沟通，更是一种享受。正如“日本图画书之父”松居直在《幸福的种子》一书中所说：“念书给孩子听，就像和孩子手牵手到故事国里旅行，共同分享一段温暖的快乐时光。”

和现成的故事书相比，孩子们听大人们讲自己的经历会更觉真切，更有吸引力。就像绘本《花婆婆》里，听姨婆讲她爷爷，要“做一件让世界变得更美丽的事”；就像绘本《爷爷的红脸颊》里，听爷爷讲他小时候那些稀奇古怪的经历：“把绒线帽送给雪人”“在山洞里发现新动物”。这个时候，家长要好好整理一下自己的记忆，把它变成生动有趣的故事。要知道，讲自己的成长经历，可以拉近你与孩子间的距离；讲自己的学习经历，可以让孩子萌生对学校和知识的渴望；讲自己的旅游经历，可以使孩子联想对风景名胜的想象；讲自己的遇险经历，可以给孩子一些安全警示；而讲那些祖辈口耳相传的传统故事，更是在传承历史，延续文明……

家长在给孩子读书、讲故事的时候，要注意发音清晰，音量适中，语速舒缓，便于孩子倾听和思考。要把一些书面语改为便于理解的口语。不同的角色可以用不同的音色。多用一些拟声词，同时加上一些表情和动作。很多时候，故事和游戏密不可分，讲完以后，家长可以跟孩子玩角色游戏以沟通情感。还可以引导孩子复述、创编等，以进一步深化记忆，发展孩子的想象力。

很多家长都知道高尔基的一句名言“书是人类进步的阶梯”，也有各自不同的阅读体会。读书是孩子学习语言的一条重要途径。阅读的好处在于激发学习兴趣、提高语言能力、促进智力发展、涵养良好品德。那么，怎样让孩子喜欢阅读呢？

1. 为孩子提供良好的阅读环境和条件。如果你家里没有书，孩子就很难爱上书。古罗马哲学家西塞罗说："没有书籍的屋子，就像没有灵魂的躯体。"所以，一定要在家里营造读书的氛围。可以在孩子的房间安放一个小书架，放些孩子爱读的书，同时根据孩子的喜好及时补充更换。孩子专心读书的时候尽量减少那些无关的干扰。孩子们都很喜欢读绘本。绘本符合孩子年龄特点，贴近孩子生活，内容丰富，图画精美，文字简练，启迪智慧，可以多维度地促进幼儿全面发展，也为幼儿提供了口头语言和书面语言统一学习和运用的机会。家长可以根据条件给孩子购买一些好的绘本书，订阅一些适合幼儿阅读的画报，也可以在周末和假日带孩子去绘本馆、图书馆去阅读，还可以鼓励孩子交换阅读，让他们体会分享的乐趣。逢年过节和孩子生日，当然可以给孩子买些吃的穿的，但不妨也买些好看的图书。我一直认为，对孩子最好的奖赏是图书和旅游。

2. 经常跟孩子一起看书讲故事。在读书方面，家长首先要做出榜样。家长天天读书看报，耳濡目染，孩子也会逐渐爱上书。3—4 岁的孩子好奇心、求知欲很强，而对文字的认知能力不足，他们会主动要求甚至有空就"磨"大人讲故事。这是

引导、教育孩子的绝好机会，家长一定不能嫌麻烦。家长注意不要从一开始就手指着文字读给孩子听，那会影响孩子对故事书的理解，也会限制孩子的想象。要进行"整体阅读"，给孩子一个整体的故事印象。4—5 岁的孩子随着认知能力的提高，就能逐步进行独立阅读了。当然，如果家里形成了良好的阅读气氛，他们还是乐意跟家长沟通交流。家长可以就故事和图书中的人物、情节、图画、语言等谈自己的看法，以引导孩子思考。有的专家把这种亲子共读分为两种形式，一种是"平行式"，即父母与孩子一起阅读时，不去关注孩子的反应，只是自顾自地讲故事，这样不利于孩子与父母的沟通和共鸣；另一种是"合作式"，父母讲故事或带着孩子读

故事书的时候，随时进行有针对性的交流，这样有利于孩子对故事的理解。因此，要克服“平行式”的共读，提倡“合作式”的共读。有的父母为了省心省事，用“游戏机”“故事机”“评书机”之类的电子产品应付孩子，而自己去干别的。这既不利于培养孩子的阅读兴趣，也会影响亲子关系。电子产品不利于孩子语言表达能力的提高，还会削弱其交际能力。另外，爱惜图书是很好的阅读习惯。家长发现孩子随意损坏图书的行为一定要制止，指出其危害性，不能迁就。要及时发现和表扬孩子爱惜图书的行为，鼓励孩子跟书交朋友。

3. 引导孩子体会常用标识和文字符号的用途。3—4 岁的孩子可能只对色彩艳丽的图画书感兴趣，而 4—5 岁的孩子就开始关注图画书里的文字和日常生活中的各种标识了。他们会对文字和标识感到好奇，有时还会学着把这些标识画下来。家长就要及时把这些标识告诉孩子，让他知道这些标识的具体含义。比如，男女洗手间、医院、酒店、银行（取款机）、车站、地铁等常见的生活与交通标志以及禁止吸烟、禁止下水、禁止大声喧哗等公共场所的禁止性标志。这些标识并不需要死记硬背，生活中随时告知就可以了。

很多家长希望孩子早识字、多识字，其实这大可不必。对幼儿来说，阅读和书写的准备并不在于认识多少字，重要的是养成对文字的兴趣，对阅读的渴望。不能为识字而识字，更不能去规定识字的数量，识字多也不等于阅读能力强。正如《指南》所说：“用机械记忆和强化训练的方式让幼儿过早识字，不符合其学习特点和接受能力。”儿童教育专家孙瑞雪在《捕捉儿童敏感期》一书中讲：“文字，是这个物质世界的符号。即使儿童到了 5 岁时有了认字的愿望，也是把它作为和物质一样的存在，是一个符号，一个绘画，一个涂鸦……因为儿童这个时候成长的是生命，建构和创造的是自我，而不是用这么多珍贵的时间，来学习一种技能。我们需要知道，通过创造自我建立强大的人格力量和心理力量，是 0—6 岁儿童成长的主旋律。错过了这个时期，也许这一辈子都无法弥补。而当孩子自然发展到该学习与认字的阶段，他们会轻松愉悦地学得更好。如果错位，我们会付出捡了芝麻丢了西瓜的代价。”

与生活中的各种标识相比，汉字毕竟是抽象的符号，过早地、机械地让幼儿认识这些抽象符号，会影响他们身心健康发展。当然，由于孩子的单纯和好奇，在幼儿阶段特别是5—6岁的时候，在自然的而不是强加的状态下，通过图画书和周围的文字环境，通过家庭成员和周围小朋友的姓名等，孩子会通过无意记忆记住很多字。只要有了读书的兴趣，孩子认的字就会越来越多，而认字越多越会激发他热爱读书。长此以往，阅读和识字就会形成一种良性的互动。据国家语言文字委员会专家研究，一个人认识580个常用字就能阅读常见读物的80%。对一个热爱读书的孩子来说，这并不是太难的事。

案例分析

从小养成阅读习惯

小征一岁多的时候，有一天爸爸下班拿回一本《人民教育》，随手扔在了床上。小征拿过来反着翻、正着看，逗得妈妈直笑。爸爸看女儿爱看书，就订阅了《婴儿画报》《幼儿画报》，还时不时到书店买图画书，有空就给小征讲故事。有的故事小征听两遍就熟悉了，就给父母“接下茬”。童谣体图画书《小花猫学艺》小征特别喜欢，听妈妈讲过几遍，就能翻着书把每页的小诗背下来。为了激发小征的阅读兴趣，爸爸把一些故事变成角色游戏和小征玩，玩得最多的是《城里老鼠和乡下老鼠》。小征上幼儿园后，爸爸利用每天接送的机会给女儿讲长篇系列故事，有《西游记》《水浒传》以及东周列国、岳飞抗金等故事。听故事的习惯引发了小征对读书的热爱。上小学后，爸爸又给小征买了很多书，还指导女儿做读书笔记。以后，阅读的习惯一直伴随小征上中学、上大学、上班……

阅读是增进亲子沟通、锻炼儿童语言能力的重要工具，对孩子将来的学习、生活都有很大的帮助。而且，阅读能使人变得知识丰富、举止文明、气质高雅。家长要从孩子很小的时候就有意识地加强阅读能力的培养。听故事、看图画书对于阅读养成教育非常重要，而语言、文字游戏更是激发孩子阅读兴趣的有效手段。家长要充分利用跟孩子在一起的时间，培养孩子听、说和阅读的能力。

亲子活动

家庭故事会

1. 活动目的：通过开“家庭故事会”，营造语言表达和家庭阅读的氛围，激发孩子的阅读、表达兴趣。

2. 活动场地：家庭。

3. 活动方法：(1) 在一个周末的晚上，或是家人都有空的某个时间，一家人坐在一起，轮流讲故事。(2) 大人讲的故事，可以是孩子没听过的，也可以是孩子听过的。如果是孩子听过的，可以适当加以改编，或者故意讲错几处，让孩子补充纠正。(3) 最后，大家可以分别给讲述者评分，分数高的给小奖品以示鼓励。

绘本推荐

《好多记忆的书》

这是一本激发幼儿想象的图画书，又是一本引导孩子探索世界的书。“羽毛，记不记得它曾经是一只鸟？书，记不记得它曾经是一个字？椅子，记不记得它曾经是一棵树？蛋糕，记不记得它曾经是一颗麦粒？……”那大海曾经是什么？雕像曾经是什么？家曾经是什么？世界又曾经是什么？深奥的问题，简约的回答，诗意的文字，迷人的图画。读完这本书，孩子还会生发出好多好多的问题，还会很自然地想到“我来自哪里？我会变成什么？”而这些问题可能影响孩子一辈子。

（廊坊市直第二幼儿园赵丽华老师参与编写）

第19讲 早期阅读打基础

《指南》原文

（二）阅读与书写准备

目标2　具有初步的阅读理解能力

3—4岁	4—5岁	5—6岁
1. 能听懂短小的儿歌或故事。 2. 会看画面，能根据画面说出图中有什么，发生了什么事等。 3. 能理解图书上的文字是和画面对应的，是用来表达画面意义的。	1. 能大体讲出所听故事的主要内容。 2. 能根据连续画面提供的信息，大致说出故事的情节。 3. 能随着作品的展开产生喜悦、担忧等相应的情绪反应，体会作品所表达的情绪情感。	1. 能说出所阅读的幼儿文学作品的主要内容。 2. 能根据故事的部分情节或图书画面的线索猜想故事情节的发展，或续编、创编故事。 3. 对看过的图书、听过的故事能说出自己的看法。 4. 能初步感受文学语言的美。

《指南》导读

1972年，联合国教科文组织就向全世界发出“走向阅读社会”的号召，要求社会成员人人读书，让读书成为人们日常生活中不可或缺的部分。从小养成阅读的习惯，孩子会终身受益，它比延请多少名师、上多少兴趣班都更有用处。阅读不仅可以获取知识，而且会提高生活的品位和质量，就像学者周国平所说：“仿佛有了一个不会枯竭的快乐源泉，也有了一个不会背叛的忠实朋友。”

“阅读与书写准备”的第二个目标是“具有初步的阅读理解能力”，它包括感知、理解、鉴赏三个方面，以看、听、说、思考和体味的有机结合为主要手段。

幼儿的阅读与成人不同，主要是阅读直观形象的图画材料，注重画面的生动和内容的有趣。优秀的绘本（图画书）是知识性、文学性和艺术性的完美统一。既可以让孩子学到知识、丰富语言，又可以让孩子受到善的浸润和美的熏陶。绘本的用途并不局限于语言学习，它的内容已经涵盖了幼儿教育的各个领域。例如，《鳄鱼怕怕牙医怕怕》《我爱洗澡》可以帮助孩子养成良好的卫生习惯，《生气的亚瑟》《你是我的阳光》可以帮助孩子消除不良情绪，《花婆婆》《彩虹色的花》可以让孩子懂得奉献和分享，《胆小鬼威利》《勇气》可以让孩子变得自信、勇敢，《逃家小兔》《猜猜我有多爱你》蕴含着浓浓暖暖的亲情，《谁把飞机送上天》《蛋里装着啥》是科学的渗透，《小幸运儿和大艺术家》是艺术的启蒙，而《吃书的狐狸》《一只有教养的狼》则更可以激发幼儿阅读的欲望……无论在家庭还是幼儿园，绘本都是最合适不过的阅读材料。正如儿童文学作家、儿童阅读教育专家保冬妮所说："图画书能够开拓孩子的想象力，启发孩子的思考力，提高孩子的判断力，增强孩子的审美力，加深孩子的理解力，是培养孩子情商的必需品。"

对于3—4岁的幼儿，主要是从听故事中感知语言，听懂短小的儿歌，看懂简单的故事，建立图画和语言之间的联系。看着图画书的画面，在家长的引导下能说出图中有什么东西、发生了什么事情。4—5岁的幼儿，听完故事能够复述其主要内容，从连续的画面中感知故事的发展，大致说出故事的情节，产生相应的情绪反应。家长要经常跟孩子一起阅读，引导孩子有顺序地读书，可以边看图画边讨论，也可以看完之后再讨论。读完故事后，可以借助画面帮助孩子记忆故事情节，按照画面顺序用自己的话来描述一下。当孩子无法说出故事内容时，家长可给予简单的提示。为了加深对故事或图画书的理解，家长还可以跟孩子一起表演，玩故事游戏。

3—4岁的孩子注意力和兴趣的关联度很强，家长要选择孩子感兴趣的故事以引发孩子的好奇心。有些无字的绘本更能给孩子带来阅读的乐趣，启发孩子的想象，可以选一些让孩子读。如《猜猜看，谁做了什么》《弗洛拉和企鹅》等。有些绘本虽然文字很少，但足以对内容提示和引导，如《小金鱼逃走了》《爱心树》等，这有助于孩子集中注意力，在简单文字的引领下更好地阅读和思考。绘本都是有名字的，但给孩子读的时候可以先不告诉他书名。等孩子听完、看完后让他自己命题并说出理由，与绘本的书名相比较。如果孩子的命名确有道理或有新意，可给予充分的肯定。

5 岁之前，给孩子提供的图画书最好以图画为主，文字不要太多。这有利于孩子更好地观察画面，思考画面的内容。家长不必刻意要求孩子识字，但孩子对画面上的文字感兴趣时，也可以有重点地告诉他。5 岁以后，幼儿的阅读能力会有明显提高，他们对事物关系的理解比以前更加深入。他们不再只是关注画面图像，而是更加关注人物、事物之间的关系，初步理解图画书中人物的心理和情感，并能注意到一些细节的作用。他们基本上能够掌握故事的整体情节，而且对故事的含义也有了一定的理解，能够大体上把听过、看过的故事讲清楚，并能说出自己的一些看法。在家长的引导下，还能对故事隐含的意义有所体会。这个时候，家长就要鼓励孩子根据故事情节和画面线索猜测、想象故事的发展，改编或者续编故事，借助于故事人物和自己的生活经验来尝试自编故事。绘本的文字也可以稍多一些。除了绘本，家长还可以给孩子提供一些图文并茂的古诗读本和国学读本来阅读。当然，对于《三字经》《弟子规》之类的读本不一定通读，找一些简单易懂、教育意义明显的篇章段落就可以了。

鉴赏能力是阅读能力的重要内容。对于儿歌和童谣，家长要有意识地引导孩子欣赏其节奏和音韵美，并做一些模仿练习。对于图画书，要帮助孩子在充分理解其内容、主题的基础上，欣赏其中情景交融、虚实互补的无穷韵味。绘本主要通过绘画来叙事，除了文字优美，它的色彩、构图、角色造型、版式设计等处处都能体现出“美”来。家长可以借助一些绘本鉴赏书，如《图画书应该这样读》《好绘本如何好》等，给孩子做些引导性讲解。这既可以让孩子更喜欢读书，同时也是一种绘画艺术的启蒙。

有的孩子在一段时间内，总是要求家长重复讲一个故事，或者总是爱看同一本图画书，这是很正常的现象。人们往往对熟悉的东西更有安全感。每天重复，说明他非常感兴趣，家长不能厌烦。讲故事的时候，可以跟孩子商量，试着用一些别的方式，如互讲、提问、表演、续编等。看绘本更不用着急，其实很多好的绘本不是一次两次就能完全理解其妙处的，很多细节都是靠多次阅读才能发现、体会的。像《爷爷一定有办法》《一个不能没有礼物的日子》等就是这样。有的绘本，根据孩子的理解能力，中班大班可以看，

上了小学还可以看。只要孩子真正喜欢，就不要刻意去阻止，不要觉得自己看烦了孩子就会烦。正可谓“好书不厌百回读”。

幼儿阅读的主要形式是听故事和看图书，但不同的幼儿对于听和读的兴趣也有区别。有的孩子偏重于听觉理解，有的孩子偏重于视觉理解，所以不爱听故事也不要太勉强。有的孩子不爱阅读与其家庭环境有关，这时候家长就要反思家里是否电子产品的刺激太多，而留给孩子阅读的空间太少。有的家长在孩子小时候有意识地少看电视，少玩电脑、手机，用较多的时间自己读书或跟孩子一起读书，这是值得肯定的。

北京人民广播电台著名主持人小雨姐姐在《怎样给孩子讲故事》一书中，提到了家长给孩子讲故事的六大误区，家长朋友们可以参考：不提难度大的问题；讲故事不是数量越多越好；讲故事要看场合；不要借故事来批评孩子；不要忽略图画书的封面和封底；不要一开始就手指文字念给孩子听。

早期阅读可以激发幼儿的学习动机和阅读兴趣，提高他们的语言能力，为以后的学习和生活打下良好基础。很多家长往往把幼儿早期阅读跟识字联系起来，“不识字怎么看书呢？”其实这是一个误区。阅读不等于念书，识字也不等于理解，适合幼儿看的书不一定有很多文字。婴幼儿借助色彩、图像、文字和家长的言语来理解以图画为主的低幼读物就是早期阅读。2—3 岁的幼儿会一页页地翻书、看图画；3—5 岁的幼儿会听故事，能从图画书中分析、发现事物的变化，把连续的画面串联起来了解故事情

节，弄清人物关系，用口语讲述故事内容，这些活动本身就是阅读。有的家长错误地认为只有多看纯文字的东西，阅读能力才会提高。其实不要小看绘本，很多绘本含义丰富而深刻，像《花婆婆》《爱心树》《失落的一角》等，就是大人粗读一遍也未必就能全懂。绘本阅读是一种复杂的心理体验过程，需要幼儿具备很多的经验，对孩子的思维能力、审美能力，以及情感、态度、价值观的发展都有着非常重要的价值。仅就语言能力来说，在一系列思维与表达的活动中，孩子会逐渐地把字的形、音、义结合起来，把文字与画面结合起来，理解词句的含义，这会为以后的读写活动打下良好的基础。

最后谈一下幼儿看动画片的问题。看动画片可以促进幼儿感官知觉、语言能力和思维能力的发展，可以给幼儿以愉快的情绪体验，但同时也会影响幼儿的身心健康。过多花时间看动画片，会减少幼儿社会交往的时间。有些动画片里面含有一些暴力的内容，也有一些不尽合适的价值取向。因此，家长在孩子观看动画片时要注意选择合适的内容，控制观看的时间和姿势。幼儿连续观看动画片不宜超过 30 分钟，同时要注意与电视保持合理的距离和方向。尽量不要使用电脑看动画片。另外，家长有空还可以跟孩子一起看动画片，这既是一种陪伴和交流，也是一种监督和控制。

案例分析

热爱阅读的甜甜

甜甜近来特别喜欢听我讲法布尔的《昆虫记》。在她的不断要求下，我每天都会给她讲上几遍，什么节腹泥蜂啊、粪金龟啊、圣甲虫啊、螳螂啊，等等。甜甜对昆虫世界的事情很感兴趣，我也每天不厌其烦的重复着她想听的故事。这一天，我正在做饭，甜甜自己拿出了《昆虫记》读了起来：“在丘陵的陡峭斜坡上，有一群正在努力搬运东西的蜂，他们就是节腹泥蜂，是法国泥蜂中体积最大的蜂。节腹泥蜂‘阿布’整天忙碌着，她不停地咬碎土块，并且将土块一一丢在外面去……”五岁半的甜甜没有经过识字训练，只认识很少的字，但她竟然靠着记忆力一口气读下了 50 页左右的《昆虫记》。

这个案例中，甜甜能够在不认识字的情况下自主阅读书籍，是与妈妈从小亲自陪伴阅读分不开的。甜甜从出生6个月开始，妈妈就把她抱在怀中给她读书。甜甜不懂妈妈讲的是什么，但她很喜欢妈妈的眼神和声音，以及妈妈把她抱在怀中的感觉，慢慢地读书成了一种享受。9个月的时候她会到处爬了，只要妈妈一拿出书来她就会爬到妈妈身边，安安静静地坐等妈妈讲故事。从一开始，妈妈就坚持不用口语和叠加词和她说话，用语音标准、词汇丰富的语言给孩子讲故事。这样，到了一岁半甜甜就能用语言表达自己了，而且会把在故事中学到的一些词汇应用到生活中。随着孩子不断长大，妈妈在家中专门开辟了一个角落，买来了书架，把近期想让她看的书放到最适合她身高的那一层书架中，过段时间再调整书籍的位置，让孩子自己选择图书来看。阅读优秀绘本可以帮助孩子了解世界，培养想象力和学习力，发展情商和智商。妈妈买了很多绘本供甜甜阅读，而且每天都抽出一定的时间进行亲子阅读。即使在外出旅行中，也一直坚持读书。因此，孩子才培养出了浓厚的阅读兴趣，也有了很强的语感和阅读能力。

（案例由家长张健提供）

亲子活动

无字图书编故事

1. 活动目的：培养幼儿热爱阅读和创编故事的能力。

2. 活动准备：一本无字的图画书。

3. 活动方法：(1) 拿出一本无字图画书，从头到尾先看完，然后思考一下，给父母讲故事。(2) 父母在孩子讲不下去的时候，做些适当的帮助，最终形成一个完整的故事。(3) 让孩子给图画书起名字。

4. 注意事项：(1) 爸爸妈妈要耐心听讲，孩子讲不下去的时候，可以让孩子再翻翻看看，思考一下。孩子实在不知讲什么好，父母可以做些简单的提示，但不要代替孩子去讲。(2) 孩子讲的故事与故事原意或者父母的理解不一样也没关系。(3) 孩子讲完之后要表扬鼓励，根据孩子的需求再把故事的原意讲给孩子听。

绘本推荐

《图书馆老鼠》

图画书里的老鼠大多是伶俐可爱的形象。这本书里的山姆更是一只聪明好学的老鼠。他住在图书馆的墙角，每到晚上他就来到书架下面读书。时间长了，书越读越多，他就想写一本关于自己的书。他努力地写呀画呀，《吱吱！一只老鼠的一生》终于出版了。从此山姆一发而不可收，写了一本又一本。他的新书摆到了图书馆的书架上，他还自己设计了读者“与作家见面”的活动呢！你看，阅读和写作是多么快乐呀！

（廊坊市直第一幼儿园王建华老师参与编写）

第20讲
写写画画抒情感

《指南》原文

（二）阅读与书写准备

目标3　具有书面表达的愿望和初步技能

3—4岁	4—5岁	5—6岁
1. 尝试用涂涂画画表达自己的想法和思想。	1. 愿意用图画和符号比较准确的表达自己的愿望和想法。 2. 并在师长帮助下矫正书写姿态和坐姿。	1. 愿意并且能够用画与符号表现事物或故事。 2. 能够正确书写自己的名字。 3. 写画时自动保持姿势正确。

《指南》导读

正如人类早期发明文字的过程一样，孩子学写字也是从涂涂画画开始的。在父母、老师给孩子读书的过程中，孩子自然而然地对文字产生了一种亲近、探究的欲望。他们知道文字是可读的、可写的。在孩子眼里，一个个方块字就像一个个表情达意的小精灵。因此，他们听大人读书，就想知道文字和口语之间的关系；看大人写字，就想模仿写字的动作。这是3—4岁幼儿识字和书写意愿的最初表达。

随着听话、说话能力的提高和日常阅读量的增加，孩子逐步有了书面表达的欲望，他们想要借助于形象的涂涂画画来表达他们所看到的事物和联想的事情。这个时候，家长可以顺势而为，根据不同年龄幼儿的特点，尝试培养幼儿的“写”与“画”的能力。对于3—4岁的幼儿，写字和画画差不多，家长不必强求，只要他们愿意表达、对书写感兴趣、愿意拿笔写写画画就可以了。孩子画出来的“字”或“画”家长看不懂，可以让他自己说出是什么意思。5—6岁的幼儿，已经接触和认识了不少汉字，有的还会写一些简单的汉字。这时，家长就可以引导幼儿用已经会写的字，再加上符号、图画来表达自己的愿望和想法，让他们用字和画连缀成一些短小的故事，做好前书写的准备。

从幼儿园大班起，老师和家长根据孩子兴趣和身体发育（特别是上肢和手部肌肉的发育）实际，可以让幼儿慢慢地学写自己的名字，而真正写字那是上小学以后的事。很多家长希望孩子多认字、早写字，其实并不符合幼儿身心发展规律。首先是影响孩子肌肉发育。5—6岁以前的孩子，手部肌肉不是很发达，完成精细的书写动作难度较大。如果让孩子过早拿笔写字，表面看来会造成握笔姿势错误，其实更重要的是手容易酸痛，时间长了就会对肌肉产生伤害，甚至造成手指变形。其次是影响孩子身体发育。过早让孩子写字，由于手部肌肉乏力，就会全身用力，引起手臂、肩背肌肉的紧张，影响坐姿，容易造成不对称发育及驼背、近视等现象。另外，还会影响写字的正确。汉字书写有一定的规则，孩子过早写字，不理解书写规则，只是依样画葫芦，不是“写”字而是“描”字。这种“描字”习惯影响写字速度，对于正确书写危害很大，更会影响以后的学习。如果过早强迫孩子写字，还容易使孩子失去写字的兴趣和信心，导致厌学，造成学习障碍。

培养幼儿的前书写能力，家长可以做哪些方面的工作呢？

1. 创设有利于书写的自然环境。环境和幼儿始终共存，建立一个有助于幼儿求知探索并积极参与的学习环境和活动环境，为其提供表现的机会，让幼儿在有准备的环境中轻松地进行书写活动，对于幼儿书写能力的培养相当重要。家长要提供灵活全面的学习环境，把写写画画融入日常学习和生活当中。准备好幼儿随时能够取放的纸、笔等材料，也可以利用沙地、树枝等自然材料，满足幼儿自由涂画、书写的愿望。

2. 创设鼓励幼儿书写的人文环境。鼓励幼儿尝试着将自己感兴趣的事情或故事画下来并讲给别人听，幼儿可以从中体会到用写写画画的方式能够表达自己的想法和情感。幼儿阶段的写与画不是小学阶段的写字，是幼儿借助于笔或者其他书写工具，通过感受、涂写、涂画、模拟运用符号或文字等形式，以图形和文字的形式传递信息、表达情感以及建立前书写体验的游戏和学习活动。在实践观察中会发现，孩子们经常会用成人看起来无意义的线条、简单的图画和简单的符号来记录和表达他们的想法。随着年龄的增长，这些图画的形式也开始逐渐发展，起初可能是杂乱的线条，然后这些线条变得有方向性，再后来变成简单的图形，随后会发展成比较完整的画作。作为家长，应主动积极去理解幼儿特有的书写语言，并积极鼓励他们的书写行为，使他们通过绘图、模仿及自创文字，发挥自己的潜能与创造性。

3. 让幼儿了解文字用途，激发幼儿书写的好奇心和探究欲望。家长可以把幼儿讲过的事情用文字记录下来念给他听，使幼儿知道说的话可以用文字记录下来，从中体会文字的用途，也可以在幼儿生活的环境中用文字作标志，比如，在自己创作的作品上写下自己的名字；在相同的杯子上贴上“爸爸”“妈妈”“宝宝”的汉字，让幼儿了解文字的记录和标志作用，从而产生自己也想试一试，想要书写文字的欲望。

4. 设计合理的书写游戏，在绘画和游戏中做必要的书写准备。写字体现在幼儿手对笔的控制能力。随着头脑和小肌肉的发展，幼儿对笔的控制能力越来越强，对书写的把握也会越来越好。家长可以推荐给孩子一些生活中较为熟悉事物的轮廓图，如花朵、小草、鱼，让孩子按照从上到下、从左到右的顺序给花朵添画花瓣、树叶，给鱼添画鱼骨头，以此将从左到右、从上到下的书写规则渗透到孩子的思想中，为以后进入正式的书写打下良好基础。

5. 鼓励幼儿学习书写自己的名字。家长可以尝试从姓名开始，启发幼儿初步写字的兴趣。家长可以告诉他起名的经过、名字的含义。孩子一旦学会了书写自己的名字，就会产生强烈的成就感与荣誉感。会写自己的姓名后，还可以让他学写父母和其他亲人的名字，从而进一步激发他的书写兴趣。

6. 鼓励幼儿学写日记。写日记是一个很好的学习习惯，这一习惯应该从孩子刚刚识字、刚有写字的欲望的时候就开始培养。写什么？日常生活的点点滴滴，一句话几句话都可以。怎么写？可以引导孩子说话、父母帮孩子去写，也可以让孩子用符号、图画和简单的汉字结合起来写。这样的日记本留存下来，等孩子长大以后就是一个难得的宝贝。

7. 提醒幼儿写画时保持正确姿势。很多孩子到了小学后，坐姿、读写姿势都不正确，但老师纠正起来已经非常难了。所以，家长一定要重视幼儿正确的读写姿势，这比认识多少字、会写多少字都重要得多。一般来说，读书的时候眼睛要离纸面一尺（约 33.33 厘米）；坐姿要端正，胸口离桌子边沿一拳；执笔的时候，手指要离笔尖一寸（约 3.33 厘米），也就是要遵守“一尺一拳一寸”的规矩。再仔细一点讲，执笔不能大把攥，要采取“三指执笔法”，即大拇指、食指、中指自然弯曲，分别从三个方向捏笔，无名指和小指自然弯曲依次靠在中指下方；大拇指在笔杆左下侧，食指在笔杆右上侧，中指在笔杆下方；食指稍前，大拇指稍后；拇指和食指用第一指节前端捏笔，中指用第一指节侧上部顶住笔；笔杆上端斜靠在食指的最高关节处，笔杆和纸面成 50 度左右；执笔要做到“指实掌虚”；就是手指握笔要实，掌心要空，小指不能碰手心；写字的时候手腕要伸直，笔尖要正，不能勾手腕或向上翻手腕，等等。当然，这些规矩不要生硬地给孩子讲，可以通过示范或变成儿歌让孩子学习。习惯不是一天两天形成的，也不能一股脑儿教给孩子，家长不要怕麻烦，要反复讲、反复教。因为幼儿的书写姿势不正确，不光会影响他写字的形态、快慢，还会影响颈椎、腰椎的发育，影响身体健康。

总之，家长要遵循不同年龄幼儿的发展的特点规律，尽可能创造一个有利于培养幼儿书写兴趣与良好习惯的条件和环境。

案例分析

养成书写好习惯

5 岁的沛沛非常喜欢读书，有时还会学着爸爸妈妈的样子在书上用笔写写画画。看到沛沛这么爱学习，妈妈心里很高兴。可是，妈妈逐渐发现，沛沛握笔时总是用食指和中指夹住笔身，用拇指压在笔的上端，更让妈妈担心的是，沛沛一直歪着身子写写画画。这到了小学该怎么办呢？妈妈觉得要管一管。跟爸爸商量后，给沛沛制订了一个书写训练计划。在接下来的一个月里，由妈妈手把手教沛沛握笔的正确姿势。每天晚饭后，妈妈都会陪孩子看图书，画图画，写一些简单的汉字。由于沛沛歪着身子写画有一段时间了，改起来并不容易。妈妈没有着急，耐心地演示正确的姿势。渐渐地，沛沛握笔的姿态开始变化。一个月过去，沛沛改掉了原来的习惯，执笔姿势也变得规范了。

孩子用笔姿势不正确就会影响到书写的美观，坐姿不正确还会影响到身体发育。所以当孩子书写姿势不正确时，家长必须予以纠正，但这一过程也不要操之过急。习惯是慢慢养成的，改变习惯也需要一定的时间。家长要明白这个规律，用正确的姿势来示范，同时给孩子时间去慢慢改，切记不要强迫，这样才能收到良好的效果。

亲子活动

我教孩子写日记

1. 活动目的：通过这项活动，培养孩子语言表达、简单书写的能力，养成写日记的好习惯。

2. 活动准备：(1) 一个开本较大、最好里面有些彩图的日记本。(2) 孩子 5 岁以上，会清楚地表达每天参加的活动，会写一些最简单的汉字。

3. 活动方法：(1) 跟孩子介绍写日记的好处，给孩子准备好日记本。(2) 告诉孩子日记的一般写法，每天（隔两天也可）让孩子讲述当天发生的有意思的故事，父母帮助记下来。在父母写字的下面，让孩子用简笔符号或者会写的汉字对故事中的人、物或情节作一简要注明。(3) 随着练习的深入，逐渐发展到以孩子写（或画）为主。

4. 注意事项：(1) 孩子语言表达不完整、不清楚的时候，父母要耐心问清楚再往本上写。(2) 允许孩子以画画的方式记日记。(3) 鼓励孩子坚持记日记，当然如果觉得当天没啥有意思的事也可不写，不用强求。(4) 一周或一个月过去，让孩子在父母的引导下，回顾总结一下，想想这一段时间里最有意思的事和自己的收获。

绘本推荐

《蚯蚓的日记》

这是一本极为有趣的图画书，它以日记体的书写方式，记录了小蚯蚓的生活故事和观察体验，以及对自我、未来的想法，很能吸引孩子的眼球。孩子们可以从中了解到不少关于蚯蚓以及其他生物的知识，可以培养他们乐观向上的态度和认真思考的习惯，还可以向蚯蚓学写日记呢！

（廊坊市直第二幼儿园赵天锦老师参与编写）

第21讲

人际交往讲礼貌

3—6岁是人生发展的关键时期，也是社会性发展的重要时期。在与同伴和周围人的交往中，幼儿适应人群、适应社会的能力不断提高。从社会教育的角度来说，幼儿教育的任务就是使幼儿从个体人、家庭人逐步过渡到社会人。《指南》将社会领域的教育分为“人际交往”和“社会适应”两个子领域。前一个领域讲的是人与人的关系，重点是交往能力；后一个领域讲的是人与集体、人与社会的关系，重点是适应能力。

《指南》原文

（一）人际交往

目标1　愿意与人交往

3—4岁	4—5岁	5—6岁
1. 愿意和小朋友一起游戏。 2. 愿意与熟悉的长辈一起活动。	1. 喜欢和小朋友一起游戏，有经常一起玩的小伙伴。 2. 喜欢和长辈交谈，有事愿意告诉长辈。	1. 有自己的好朋友，也喜欢结交新朋友。 2. 有问题愿意向别人请教。 3. 有高兴的或有趣的事愿意与大家分享。

目标2　能与同伴友好相处

3—4岁	4—5岁	5—6岁
1. 想加入同伴的游戏时，能友好地提出请求。 2. 在成人指导下不争抢、不独霸玩具。	1. 会运用介绍自己、交换玩具等简单技巧加入同伴游戏。 2. 对大家都喜欢的东西能轮流、分享。	1. 能想办法吸引同伴和自己一起游戏。 2. 活动时能与同伴分工合作，遇到困难能一起克服。

续表

3—4岁	4—5岁	5—6岁
3. 与同伴发生冲突时，能听从成人的劝解。	3. 与同伴发生冲突时，能在他人帮助下和平解决。 4. 活动时愿意接受同伴的意见和建议。 5. 不欺负弱小。	3. 与同伴发生冲突时能自己协商解决。 4. 知道别人的想法有时和自己不一样，能倾听和接受别人的意见，不能接受时会说明理由。 5. 不欺负别人，也不允许别人欺负自己。

《指南》导读

人是在交往中不断长大的。人际交往可以使人了解别人、获得信息、丰富情感，提高各方面的能力。只有具备了一定的交往能力和技巧，幼儿才能更好地适应周围的环境。

幼儿天生就有渴望交往、渴望沟通的意愿。婴儿的时候，就通过视觉、听觉、触觉和微笑来表现自己，以引起周围人的关注。随着年龄的增长，他们开始用语言和各种动作与人交往。

入幼儿园之前，孩子虽然自己有了交往的意识和交友的需求，但因为多数时间在家中，所以这一阶段的交往更多是被动的和被保护的。3岁以后，多数孩子走进幼儿园，这是由家庭进入社会的第一步。家长首先应该做到的，是让孩子顺利度过入园适应期。在这一过程中，孩子面临与家长较长时间的分离，会经受分离焦虑带来的心理影响，有些孩子会表现出哭闹或呆滞的情绪。幼儿园自有很多办法帮助孩子尽快适应集体生活，而作为家长，事先要有意识地培养孩子的独立生活能力，提前创设一些与其他孩子交往的机会。入园之前可以创造条件到幼儿园看一看，玩一玩，给孩子讲讲幼儿园的好处，让孩子对幼儿园产生向往。

幼儿人际交往的第一个目标，是愿意与人交往。家庭环境是培养孩子乐于交往的第一环境。幼儿固然天生就有交往的愿望，但如果家长不能满足这一愿望，或者有意无意地压制、挫伤他的愿望，孩子的交往需求就会降低，变得孤僻、闭锁。如果孩子在自己家里都郁郁寡欢，不爱说话，到了外面就难免会出现交往上的障碍。因此，家长既不能时时处处围着孩子转，过分关注和疼爱，把孩子捧成“小太阳”，当然也不能漠视孩子的存在，忽视孩子的心理需要。家长应该多跟孩子亲近，经常跟孩子聊天做游戏，让孩子感受到与大人交往的快乐，建立起亲密融洽的亲子关系。同时还要利用各种机会拓宽孩子的生活面，引导孩子多跟别人接触和交流，如走亲访友、外出游玩等。随着年龄的增长，孩子会逐渐有自己的好朋友，也会不断结交新朋友。家长要支持孩子交朋友，有机会也可以互相邀请到家里玩，或陪伴孩子和他的小朋友去户外参加各种有益的活动。

有些年轻的父母为了忙工作、拼事业，孩子断奶以后就扔给老人，很少跟孩子接触，直到上幼儿园甚至上小学才把孩子接到身边，失去了跟孩子的亲情，也给孩子幼小的心灵留下了阴影，这是很不明智的。《三字经》里说“养不教，父之过”，其实是十分有道理的。美国总统奥巴马曾说，做一名父亲是任何一个男人最重要的工作之一。心理学研究发现，父亲对孩子的健康发展和智力发展有着非常重要的影响。相对于母亲来说，父亲更多通过身体运动方式跟孩子交往，这有利于孩子的体格发育。男性特有的逻辑推理、空间定向和抽象思维、动手操作能力等，有助于孩子的智力发展。男性的独立、自信、果敢、坚强甚至冒险精神，有助于孩子独立意识和进取精神的养成。另外，父亲还是孩子性别角色正常发展的重要条件。父亲可以为儿子提供男人的基本模式，也会引导女儿认识男人、与男性交往。受过父亲正常教育的孩子，男孩长大后体态、性格会很像父亲，女孩长大后也会带有父亲的性格特点，甚至恋爱交友都暗暗以父亲为样板。所以，父爱是绝对不可缺失的。但是很遗憾，据中国教育科学研究院2015年对小学生家庭教育所做的调查显示，超过50%的家庭中子女教育成为母亲的独角戏，30%家庭中能够做到父母共同教育子女，而父亲担起主要教育职责的家庭仅占10%。在幼儿家庭教育中，我们看到有不少年轻的父亲，觉得带孩子主要是母亲的事，自己多跟孩子玩儿会变得“婆婆妈妈”，没男人味儿，因此很少跟孩子玩

耍。或者即使跟孩子在一起也是心不在焉、敷衍了事，这样的父亲其实是不合格的。不要像网上所说，让父爱成为孩子的一种“奢侈品”。

幼儿人际交往的第二个目标，是能与同伴友好相处。“找啊找啊找朋友，找到一个好朋友。敬个礼、握握手，你是我的好朋友。”很多人都忘不了童年时唱过的这首儿歌，多年以后也会记起儿时伙伴一块儿玩耍的情景。跟伙伴友好相处，最重要的一点是有礼貌。就像儿歌《找朋友》里所唱的一样，找朋友首先要友好地向同伴提出要求，向对方介绍自己，让对方喜欢自己。这就要做到主动、热情、大方，不能扭捏。不能被动地等别人来邀请，也不要勉强别人一定要跟自己玩。交朋友讲究互利互惠，不能只想占有、只求索取而不付出。还要推己及人，理解对方，就像《弟子规》中所说“凡取与，贵分晓。与宜多，取宜少。将加人，先问己。己不欲，即速已”。要让孩子从小理解分享和礼让的道理，有好东西可以拿出来和同伴分享。玩具要大家一起玩或轮流玩，不要一人独占，更不能争抢打斗、欺负弱小。孩子有不礼貌的言行时，要教育孩子换位思考。比如，问孩子“假如别人有好玩具不给你玩，你会怎么想？”“别人抢你心爱的玩具你有什么感受？”等。当然，3—4岁的孩子还处于分享意识的萌芽期，自我中心占主导地位。这是孩子正常的心理特点，所以这时候可以去引导，但不要强迫孩子去分享。

再说到“打架”和“欺负”行为，这恐怕多数是家长给孩子贴的标签。孩子打闹是很正常的，特别是男孩之间，如果没有故意的伤害行为，其实就是交往的一种体验，没必要大惊小怪。孩子们在一起玩，发生些误会和摩擦在所难免，家长之间不要斤斤计较，特别是不能当着孩子大吵大闹，而要宽容理解，冷静处理。如果自己的孩子故意欺负别的孩子，家长要严肃批评，同时让孩子主动道歉。如果自己的孩子受“欺负”，要分析原因，是自己孩子交往不当被别的孩子讨厌，还是自己孩子过于懦弱了。最重要的是要让自己的孩子学会坚强、勇敢，培养独立的精神、开朗的性格和宽容的态度，不要畏畏缩缩，不要动不动就哭鼻子，不要遇事就叫大人，不要做错了做坏了就埋怨别人。

5—6 岁的孩子主体意识逐渐增强，家长要引导孩子学会一些交往的技巧。比如，通过分享玩具、交换礼物、特长表演等方式吸引同伴，游戏时尝试角色分工和互换；遇到困难能够相互帮忙或者分头想办法解决问题；与同伴发生矛盾时尝试用礼让、协商、交换、轮换、合作、说理等方式解决冲突；不欺负别人，也不允许别人欺负自己；遇到问题不能退缩，要想办法积极应对，开动脑筋解决各种麻烦；在活动和游戏中能够耐心倾听和接受别人意见，不同意别人意见时要说明自己的理由，等等。

儿时的好友也许会使人受益终生，即使很多小伙伴将来不在一起，他们也会在交友的过程中获得很多益处。马克思讲“友谊需要用忠诚去播种，用热情去灌溉，用原则去培养，用谅解去护理”。家长可以把这样的道理用通俗的语言讲给孩子，同时在生活中做好孩子交友的示范。家庭气氛的和谐、家长和好友的融洽，这些都是孩子与同伴友好交往、友好相处的重要参照。

案例分析

乐乐变得合群了

乐乐平时由爷爷奶奶带，因为爷爷奶奶身体不太好，很少带乐乐到外边跟别的孩子玩，乐乐的性格也就变得有些孤僻。周末，妈妈把乐乐从幼儿园接回家，发现一群孩子正在小区后面的游乐场玩得很开心。妈妈对孩子说：“乐乐，你也去跟小朋友们一起玩吧。”乐乐却躲到妈妈身后，拽着妈妈的手说：“妈妈，我们回家吧。”妈妈看孩子这样胆小，虽然很着急，但还是鼓励乐乐说：“乐乐，你是不是害怕呀？没事儿，妈妈带你跟他们一起玩怎么样？大伙儿一起玩才有意思呢。”乐乐看有妈妈在身边，就勉强同意了。于是妈妈带着乐乐走上前去，对正在游戏的孩子们说："让阿姨和乐乐跟你们一起玩，好吗？"小朋友们都说好，于是妈妈和乐乐就加入到孩子们的游戏中。妈妈玩了一会儿满头大汗，可乐乐玩得正起劲。妈妈就对孩子们说："阿姨累了，要休息一会儿，你们自己玩，好吗？"又对乐乐说："乐乐，你跟小朋友们接着玩，妈妈在一旁看着你。"乐乐大声说："好的，妈妈！"乐乐一直跟孩子们玩到很晚，临走时妈妈又让乐乐跟孩子们说再见。回到家里，妈妈问乐乐："今天跟小朋友们玩得开心吗？"乐乐说："开心，我还给他们唱歌了呢！"妈妈又说："以后还想跟小朋友一起玩吗？"乐乐毫不犹豫地回答："想！"此后，乐乐就经常高高兴兴地和小伙伴们一起玩游戏了。

这个案例中，乐乐由于缺少跟孩子们交往的机会，畏缩、孤僻。在妈妈的耐心指导和鼓励下，乐乐开始与小朋友们接触、一起玩游戏。在游戏中，乐乐体会到了一起玩耍的乐趣，并因此喜欢上了集体游戏。在现实生活中，家长们常常会为孩子不善交际和孤僻而担心，其实孩子本来是"恋伴儿"的，只是因为缺少交往的机会，或者家长有意无意地拒绝、远离，才使得孩子越来越孤独。其实，只要创造机会，鼓励孩子融入小朋友的游戏中，这个问题就会迎刃而解。在游戏之前和游戏当中，家长可以给孩子简单和必要的指导，让孩子在游戏中取人之长补己之短，逐渐增强跟小伙伴交往的乐趣。同时，家长也可以把自己当作一位"大孩子"，参与到孩子们的游戏中，既可丰富游戏的内容，又能够跟孩子建立平等和谐的关系，还可以使自己的身心得到愉悦。

宝贝，这真是你的吗？

从泽伊出生开始，我就开始阅读关于孩子教育的书，其中孙瑞雪老师的《捕捉儿童的敏感期》这本书对我影响很大。书中在3—4岁"占有的敏感期"里讲："自我形成的早期，一定是从占有可触摸的物开始的。占有的目的是获得占有物背后的意义，而不是占有占有物本身。"所以当孩子出现物权意识敏感期的"抠门"表现时，我都会尽力去维护她。她的玩具和食物不分享给别人，我都会委婉地向其他孩子的家长解释：泽伊到了这个阶段了，要尊重她。可是在她生活的环境中，除了她几乎都是男孩子，爷爷家的人都很宠她，慢慢地就养成了她的坏习惯。不光自己的东西她不让别人玩，还要抢哥哥弟弟的，而且她嗓门大，所以碰到这种情况，不管叔叔婶婶还是爷爷奶奶都会把东西拿给她。我批评孩子时，其他人觉得我是在客气，反倒安慰我："没事没事，泽伊，拿去玩（吃）吧。"久而久之，泽伊也不知道物权的界限在哪里了，而且因为哭闹就能达到目的，因此她变得很霸道。这违背了教育孩子的初衷。随着孩子的长大，我觉得这事不能不管。后来再碰到这种情况，我会先说服大人，不能事事都让别人让着她。然后会跟她讲："你要玩自己的玩具，吃自己的食物，不要抢别人的，你想想，如果别人抢你的，你是不是也很不高兴？"虽然刚开始她仍是泪眼汪汪，满腹委屈，但是时间久了，她慢慢明白：哦，这是弟弟的，这是哥哥的，不是我的。因为明确了"自己的"和"他人的"界限，所以她慢慢地不再提无理的要求，哭闹也少了。

正如蒙台梭利的观点，孩子最初的占有是有道理的，可以理解。但是过了这一阶段，家长就要引导其观念的变化和发展，不能把原来的"有理"变为以后的"无理"。既要"让孩子有物权意识并且尊重她的物权意识"，又要让孩子知道，每个孩子的物权都要得到尊重，不能随意剥夺别人的物权。要让每个孩子都清楚地理解其中的界限在哪里。懂得争取自己的权利，同时也懂得尊重别人，不强迫别人做不喜欢的事。这样才能使孩子成长为人格健全、心理健康的人。

（案例由家长赵星羽提供）

亲子活动

宝贝和小伙伴

1. 游戏目的：锻炼孩子的交往能力，让孩子体会朋友之间的友谊，学会欣赏、学习别人的优点。

2. 游戏准备：孩子的小伙伴，可以是熟悉的，也可以是陌生的。

3. 游戏活动：家长邀请朋友带孩子来家里做客，也可以邀请邻居家的小孩自己来家里玩。指导孩子学会招待小朋友。让孩子们互相介绍，说说自己的年龄、爱好、特点等。准备好场地和玩具让小朋友们玩，最后让孩子们说今天玩得怎么样，互相评价各自的优点。

4. 注意事项：这种游戏要做得亲切自然，不要过分强迫孩子，不要让孩子形成心理负担，目的是让孩子在游戏中受益。不要过多干预孩子，放手让孩子们在自己的空间里玩。如果是家长的朋友带孩子来串门，最好事先跟孩子说一声，让他有个心理准备。

绘本推荐

《月亮，生日快乐》

作者讲了一个小熊给月亮送生日礼物的故事。故事里的小熊纯真而又执着，为了与好朋友月亮交谈，他爬到了离月亮最近的山顶。为了表达对月亮的友谊，他买了一顶帽子，并且爬上树梢，巧妙地给月亮戴上了帽子。第二天，小熊也收到了月亮送他的礼物——一顶他想要的帽子。可是，一阵大风把帽子吹走了。小熊愧疚地跑去跟月亮认错，正巧，月亮也说他丢了帽子，小熊赶紧说："没关系，我还是一样喜欢你。"月亮也回了一句一模一样的话："没关系，我还是一样喜欢你。"最后他们互道："生日快乐！"一个充满柔情和稚气的故事，却道出了友谊的真谛：互相理解、互相关爱。

《不是那样，是这样的》

这是一个朋友之间化解争吵的故事。森林里，獾、狐狸、熊、松鼠正在用石块建高塔。建到一半时，高塔突然倒了。獾、狐狸、熊、松鼠都来讲述事情的经过，可他们各执一词，说的都不一样。"不是那样，是这样的。"大家争吵了起来，最后问题如何解决呢？小伙伴们又如何和好呢？这本图画书告诉孩子，小伙伴一起玩游戏，不是为了争论是非，而是为了开心快乐，理解、宽容才是最重要的，而多听听别人的想法，才能真正了解事情的真相。

第22讲
“三自”培养独立性

《指南》原文

（一）人际交往

目标3　具有自尊、自信、自主的表现

3—4岁	4—5岁	5—6岁
1. 能根据自己的兴趣选择游戏或其他活动。 2. 为自己的好行为或活动成果感到高兴。 3. 自己能做的事情愿意自己做。 4. 喜欢承担一些小任务。	1. 能按自己的想法进行游戏或其他活动。 2. 知道自己的一些优点和长处，并对此感到满意。 3. 自己的事情尽量自己做，不愿意依赖别人。 4. 敢于尝试有一定难度的活动和任务。	1. 能主动发起活动或在活动中出主意、想办法。 2. 做了好事或取得了成功后还想做得更好。 3. 自己的事情自己做，不会的愿意学。 4. 主动承担任务，遇到困难能够坚持而不轻易求助。 5. 与别人的看法不同时，敢于坚持自己的意见并说出理由。

《指南》导读

《指南》“人际交往”的第三个目标是“具有自尊、自信、自主的表现”。

每个人都是社会的一分子。人际交往首先要从了解自己开始。“我是谁”这个古老的哲学问题，每个人都要用一生来回答。“人贵有自知之明”，做到“自尊、自信、自主”，首先要有“自知”。只有建立了正确的自我认识，孩子才能建立起正确的“自我”与“他人”的概念，从而正确处理自己和他人的关系。

1岁多的孩子照镜子，大多数能知道那是自己的模样。慢慢地，他会发现自己跟别人不同，和周围环境也不是一体，自我意识就这样萌发起来。2—3岁以后，随着语言能力的发展，他开始把自己和关于“我”的语言概念紧密结合起来，并由“我”逐步扩展到“我的”和“我做什么”，认识我与其他人、其他物件之间的关系，表述自我的感受和需求。3—4岁的孩子，能够在成人的评价中感受到自己的变化与进步。4—5岁的孩子自我评价能力开始提高，他们能通过具体事情说出自己认为的优点和长处，并希望得到大人的表扬和鼓励。5—6岁的孩子开始有了自己的评判标准，在大人的教育和引导下，可以进行独立的自我评价。

莎士比亚说过：“一个喜欢自己的人才能够更好地去被别人喜欢，一个善于接纳自己的人才能够更好地被社会接纳。”家长要教会孩子悦纳自己。让孩子愉快地接受真实的自己，客观地评判自己，不超出所能追求完美，也不对自己求全责备。要引导孩子认识自己的优点，发扬自己的优点，注意克服缺点和不足。同时，家长还要注意发现孩子的特点，并尝试将这些特点变成真正的“亮点”。

在幼儿自我意识和自我评价能力逐步建立的过程中，大人的评价标准和评价方法会对孩子产生重要的影响。在这方面，家长要注意以下两点。

1. 表现好了莫吹捧。总的来说，评价孩子要以夸奖为主，但这并不意味着孩子做了什么都一味去夸奖。陈鹤琴先生曾说：“这种赞许心，我们做父母的教育小孩子时应当利用，然而不可用得太滥。一滥就会失掉它的效用，反不若不用为妙。”如果孩子每天都生活在一片赞扬声中，就会产生骄傲自满情绪。一旦家长对其提出批评，他就会觉得受了侮辱，产生抵触，这样的孩子反而无法树立真正的自尊。“好孩子是夸出来的”，实际上这句话只说对了一半，还应当加上一句“夸孩子也要会夸”。比如，简单地夸孩子漂亮、聪明就不见得合适，因为漂亮、聪明往往不是孩子自身努力的结果。家长要避免那种无真意的表扬，不经思考就轻易说出；无指向的表扬，孩子根本不知道哪一点得到了肯定；无原则的表扬，孩子凭自己能力轻而易举就做好的事，孩子在活动中有明显失误或错误的事……这些情况下得到的表扬反而会使孩子变得茫然、焦虑，失去进步的方向。还要注意的是，表扬不要过于夸张，有时候不一定要用语言来表示，一个微笑一个点头，鼓一下掌或是深情地抚摸一下，都可能收到更有效的作用。

2. 表现不好莫讥讽。孩子都是喜欢得到表扬的，但很多家长却非常吝惜对孩子的夸奖，反倒是批评指责居多，这反映了家长不健康的教育心理。有的认为孩子做成一件事很正常，没什么值得夸奖的；有的认为孩子做得并不理想，跟自己的要求还有距离；有的认为孩子不如别人做得好……

于是，漠视孩子的成功，讽刺孩子的不足，否定孩子的努力，总拿孩子的不足跟其他孩子作比较，特别是当着外人批评孩子。这样久而久之，就会让孩子失去自信，觉得自己无论怎么做也不如别人做得好，怎么做也达不到家长的要求，越来越畏缩、自卑。家长一定要知道“金无足赤人无完人”的道理，没有谁能把所有事情都做得尽善尽美，何况是三五岁的孩子。家长小时候真的未必有孩子做得更好。因此，当孩子做得比较好的时候，一定要及时肯定，及时表扬，同时告诉孩子怎样做会更好，让孩子产生积极愉快的成功体验。即使做得不够好，也要给予鼓励，同时辅以一定的方法指导。

苏联教育家苏霍姆林斯基说：“儿童的尊严是人类心灵中最敏感的角落，保护儿童的自尊心就是保护儿童的潜在力量。”家长一定要从幼儿的年龄特点出发，掌握好表扬、鼓励的技巧。只有这样，他们才能建立起健康的自尊心，既不会过于自尊敏感听不得批评，又不会没有自尊心自轻自贱。

孩子的自尊心和自信心不是凭空产生的，而是在想事做事中逐渐培养起来的。因此，家长一定要鼓励孩子自己思考、独立做事。3—4 岁的孩子认知能力还不完善，很多事情还依赖于成人的扶持。而 4—5 岁的孩子自我意识有所提高，他们开始有了自己的想法、爱好和兴趣。在游戏过程和一些生活场景中，他们不会再满足于成人的安排而试图自我选择，有了“不听话”的表现。这时候家长可以尊重孩子的意见，即使是错误的选择，也可以在安全的前提下让孩子试一试，从而让他们获取生活经验。5—6 岁的孩子会变得更有“主意”，遇事会勇敢地表明自己的观点，甚至会“强词夺理”。为了培养幼儿独立思考的能力，家长无论是读书、游戏，还是外出购物、游玩，都要主动征求孩子的意见，认真倾听他们的要求。合理的要求要采纳，不合理的要求不要硬性拒绝，而要说明道理。要支持孩子按自己的设想做事，或提供必要的条件，帮助其实现自己的想法。

随着孩子一天天长大，家长要逐步学会放手。在日常生活中，家长不能因为孩子小、做事没准儿就处处代劳。网上曾流传“中美孩子家务清单对比”：美国孩子 3—4 岁要收拾玩具、喂宠物、浇花，饭后自己把盘碗放到厨房水池里，4—5 岁要学会铺床、分摆餐具，6—7 岁要学会洗盘碗和独立打扫房间；而中国的孩子在每个阶段都是在看书、学习，或参加各种培训班。还有一个各国儿童做家务的时间调查，说美国孩子每天做家务的时间是 1.2 小时，韩国孩子是 0.7 小时，英国孩子是 0.6 小时，而中国孩子不足 0.2 小时，这些数据很值得我们思考。应该说，家务事凡是孩子自己能做的，就要让他学着做。做不好没关系，做错了也没关系，经验就是在尝试中、在失误中积累起来的。开始的时候孩子可能会有惰性，会“偷懒”，但只要父母耐心引导、鼓励，孩子就会慢慢养成自己动手的习惯。家长还可以充分利用孩子做事的兴趣，让孩子“替”大人干些力所能及的事，尝试一些有一定难度的活动和任务。这在顺应孩子主动意识的同时，也很自然地培养了孩子的动手能力。在做事的过程中，孩子的自尊心、自信心会不断提高，成功感会不断增强，这对他们的健康成长会产生积极的、深远的影响。

案例分析

打碎的是碗还是心？

有一次女儿不小心打碎了一个碗，碗里的小料溅了我一身，我不禁大喊一声。女儿惊慌失措起来，怯怯地说：“妈妈，你打我一下吧！”她的表情与话语告诉我她已经知道错了，于是我微笑着对她说：“妈妈原谅你了，下次可要小心哟！”女儿嘴角又露出了笑容，感激地对我说：“嗯，妈妈，我记住了！”接着又开心地玩了起来。事后回想她的那句话，我还是颇为吃惊。为什么她让我打她？是不是我平时对她的责怪太多了？打碎了碗可以再买一个，但打碎了孩子的心却是再也无法挽回的。作为父母，对孩子还是要多一些宽容和耐心才是。

这个案例中，妈妈在孩子打碎碗的一刻控制了自己的情绪，接受了孩子的“无意之错”。更为可贵的是，反思了自己平日的所为。是啊，家长在孩子主动帮助做家务时反而呵斥孩子“添乱”；孩子想跟父母说说幼儿园的事，父母却不理不睬；家长拖着疲惫的身体回家，孩子递上一杯热水，家长不说感谢反而生硬地驱赶孩子回屋去写作业……这是多可怕的事情！作为家长，一定要体贴孩子、理解孩子，以平和的态度对待孩子，给孩子安全感，给孩子自信心，让孩子的内心变得强大，能力不断提高。

妈妈，你是不是不喜欢我？

有一次，妈妈带5岁的女儿去买水果。孩子兴高采烈地跟着妈妈挑水果，老板称赞说：“宝贝真是又漂亮又能干，这么小就会帮妈妈的忙了。”妈妈听到老板的话心里美滋滋的，但嘴上却说：“哪儿啊，在家调皮着呢。”买完水果回到车上，女儿嘟着小嘴巴说：“妈妈，为什么别人一表扬我你就说我不好呢？你是不是不喜欢我？”听女儿这么说，妈妈脑袋“嗡”地一下，立时觉出了问题。是啊，如果这样回答呢：“是的，我家宝贝在家也经常帮我做事。”那女儿会多高兴！

这个案例中，妈妈看似无意的一句话，却在外人面前伤害了孩子的自尊心。如果像她意识到的后者的回答，既能让女儿感受到妈妈的肯定，又能从中受到鼓励，一举两得何乐而不为呢！有的家长自己轻易不会表扬孩子，外人表扬时还要故作谦虚。这既是一种冷漠，又是一种虚伪，时间长了就会抑制孩子的健康成长，甚至使他们的心灵受到扭曲，家长不可不慎重对待。

亲子活动

包饺子

包饺子是一项很好的家庭亲子活动。既可以锻炼孩子的生活能力，又能够培养劳动习惯；既有家庭的亲情，又有做饭的技巧。有些家里包饺子时，为了防止孩子“添乱”，还单独抽出一个人去跟孩子玩，这真是浪费了大好的教育时机。

让孩子参与包饺子，其实并不在于孩子包得多好，重要的是玩，是参与，是享受。孩子两三岁的时候，可以给他一个面团揉捏着玩。三四岁的时候，可以让他把面团捏成小饼，大人往里放上一点馅帮他包上，算作孩子的“作品”。四五岁的时候，就可以尝试教孩子擀饺子皮了，再大一点可以让孩子参与做饺子的其他工序。当孩子吃着自己亲手包的饺子，那种满足、那种骄傲可能是难以用语言形容的，也会给幼小的心灵留下十分美好的回忆。

绘本推荐

《小海螺和大鲸鱼》

这是一只小海螺出海远航的故事。小海螺不甘心一辈子住在岩石上，他要到大海里去，要去看看更远的世界。其他的海螺劝阻他、嘲笑他，小海螺可不管这些，一心想实现自己的愿望。谁能帮他实现这个愿望呢？小小的海螺能够帮助庞然大物大鲸鱼吗？让孩子们学习小海螺的自信和勇气吧！

《点》

故事里面的小孩瓦士提，因为不会画画而痛苦自卑。是老师以一个普通的“点”点燃了孩子自信的火种，激发了孩子的潜能。做父母的也要像瓦士提的老师学习，理解孩子、相信孩子、激励孩子。为孩子的成功铺就阶梯，给孩子的创造力插上翅膀。

第23讲

仁爱之心·对他人

《指南》原文

（一）人际交往

目标4　关心尊重他人

3—4岁	4—5岁	5—6岁
1. 长辈讲话时能认真听，并能听从长辈的要求。 2. 身边的人生病或不开心时表示同情。 3. 在提醒下能做到不打扰别人。	1. 会用礼貌的方式向长辈表达自己的要求和想法。 2. 能注意到别人的情绪，并有关心、体贴的表现。 3. 知道父母的职业，能体会到父母为养育自己所付出的辛劳。	1. 能有礼貌地与人交往。 2. 能关注别人的情绪和需要，并能给予力所能及的帮助。 3. 尊重为大家提供服务的人，珍惜他们的劳动成果。 4. 接纳、尊重与自己的生活方式或习惯不同的人。

《指南》导读

“仁爱”是中国传统伦理道德的基础与核心。两千多年前，以孔孟为代表的儒家学派就提出了“仁者爱人”的观念。《指南》对幼儿“人际交往”提出的第四个目标“关心尊重他人”，其实就是要讲“仁爱”。这是孩子良好道德品质的重要表现，也是人际交往的基本原则。它主要包括以下三个方面。

第一，要有感恩之心。人的一生中会遇到很多于己有恩的人，正是在这些恩人的关爱、帮助下才得以成人立业。因此，要教育孩子从小学会感恩。感恩要从父母和长辈做起，从日常小事做起。《弟子规》中用了很大篇幅来阐述孩子如何孝敬父母、感恩父母，这足以作为年轻父母教育孩子的参考。当然，时代不同了，环境不同了，生活节奏不同了，对孩子的要求也不一定盲目照搬，但“仁孝”的原则和基本的感恩之心不能变。孩子懂得尊重长辈、理解长辈的付出，对于长辈的话能认真听从，会用礼貌的话语问候长辈以及表达自己的需求，这是《指南》对3—5岁幼儿提出的基本要求。表现在日常生活中，孩子从吃饭穿衣都要理解长辈的苦心，不如意的时候要直接说出来而不大哭大闹，长辈累了或者身体不适可以做些简单的关心动作如倒水、按摩，去超市商场不跟父母提出过分的要求，等等。这些都是表达感恩之心的良好表现。感恩，表明孩子对自己与他人的关系有了正确的认识。有了这种认识，才会逐渐意识到自己在家庭和社会中的责任，才可以有理解他人、关爱他人的言行，才可以更好地把握自己、发展自己。英国教育家斯宾塞说：“一个不知道感激的人，总会将他拥有的东西当成理所当然，总会忽略他人的善意，可他人的微小冒犯与过失却都会铭记在心。这样的人总是痛苦多于快乐，怨恨多于感动。”人活在世上，无论多么强壮，都只是一个微弱的个体，都是在周围很多人的关心帮助下成人成才的。“我来自偶然，像一颗尘土，有谁看出我的脆弱……感恩的心，感谢有你，伴我一生，让我有勇气做我自己。感恩的心，感谢命运，花开花落，我一样会珍惜。”唱起《感恩的心》，可以让我们更好地去理解感恩的重要，从而更加学会感恩。

第二，要有恻隐之心。恻隐之心是仁爱的萌芽，是善良的发端，是人心之中最柔软、最善良的部分。孟子说：“恻隐之心，人皆有之”“恻隐之心，仁之端也”。如果孩子从小就有恻隐之心，长大也会悲天悯人，助人为乐；如果从小没有恻隐之心，冷漠无情，长大也会幸灾乐祸，甚至坑人害人。看到别人的病弱、困苦和危急，心中自然升起悲悯同情，进而去施以援手，这种情感和行为在人生之初就要加以培养。《指南》的建议中提出要“礼貌对待老年人，如坐车时主动为老人让座”“看到别人有困难能主动关心并给予一定的帮助”，其实恻隐之心还有更多、更广的体现。家长要让孩子知道，人人都有恻隐之心，整个社会才会充满温暖和仁爱，“只要人人都献出一点爱，世界就变成美好的人间”。当然，恻隐之心不光对人，对待其他生物也是一样。

第三，要有同理之心。同理之心又可称为换位思考，指凡事站在对方角度设身处地思考，然后确定自己的行为方式，主要体现在控制自己的情绪，接纳和尊重他人。同理心既是一种理解能力，更是一种文明素质。同理心在中国传统伦理道德中有很深的渊源。子贡曾经问孔子有没有一个字可以遵循一生，孔子说：那大概就是“恕”吧，然后解释为“己所不欲，勿施于人”。中国成语中也有“将心比心”的说法。换位思考，将心比心，己所不欲，勿施于人，这是为人的原则，也是处事的技巧，还是调整情绪、平衡内心的一个方法。如果时时处处都能多想一步，推己及人，不光能够博得他人的好感，对自己的身心健康也会大有益处。孟子说：“爱人者，人恒爱之；敬人者，人恒敬之”，就是这个道理。《指南》的建议中提出不打扰别人，珍惜他人的劳动成果，用平等、接纳和尊重的态度对待差异，这些都是需要让孩子理解并付诸实施的。

作为家长，应当如何培养孩子的仁爱之心，让他们从小关心尊重他人呢？

1. 家长以身作则。要让孩子关心别人、尊敬别人，父母首先要给孩子做出榜样，孝敬双方的父母、长辈。陈鹤琴先生在《怎样做父母》中说：“做父母的教养子女第一条原则，就是要遵循以身作则这条原则。”比如，对待老人有礼貌，经常问候老人，帮老人做家务，逢年过节给老人送礼物，陪老人外出旅游，等等。另一方面，在适当的时候父母也要让孩子知道自己的辛苦和难处。比如，看到孕妇或者别的小孩子吃奶，妈妈就可以很自然地跟孩子谈起自己生育的艰辛。可以给孩子过生日，但不一定给孩子买很多礼物，而是要告诉孩子：他的生日是妈妈的难日，过生日要想到妈妈的辛苦。父母在外面忙了一天回家，可以告诉孩子一些自己的劳累，让孩子理解父母的职业特点。这有助于培养孩子的体贴、感恩之心。在讲故事、看图书的时候可以顺便给孩子讲讲他们成长的经历，让他们理解父爱和母爱。成语谚语中有“知恩图报”“投桃报李”“羊有跪乳之恩，鸦有反哺之意”“受人滴水之恩，必当涌泉相报”等感人的说法，这些也都可以讲给孩子，让孩子理解。只有孩子在家庭中生出了感恩之心，才可以在社会上关心别人。

2. 引导孩子助人。孩子的自私、懒惰，其实很多都是长辈娇宠出来的。如果孩子从小就被全家人惯成“小皇帝”，他就会只知索取而不知助人。所以，在家里要让孩子学会生活自理，进而主动做家务，在外面要让孩子

多替别人着想，多关注别人的情绪和需要，并能给予力所能及的关心和帮助，哪怕是笑一下，哪怕是扶一把。著名教育家陈鹤琴说过：“要培养儿童的人格，我们一定要他去帮助别人，使人得着快乐。这一点，一般做父母的都没有想到，只知道使小孩子快乐，而不知如何教小孩子使人快乐。”所以，上幼儿园之前，有些家长怕孩子吃亏，受人欺负，就告诉孩子“谁打你你就打谁，打得他不敢惹你”“看见好东西想拿就拿，不用管别人”等，这其实是在给孩子以错误的教导，正确的教育应当是引导孩子礼让、宽容。当孩子在幼儿园帮老师和小朋友做了事，家长要为他高兴，予以表扬和鼓励，而不能埋怨孩子“犯傻”“吃亏”。当孩子把零钱投给了街边的乞丐，不能训斥孩子，宁可相信乞丐真有困难，因为这正体现了孩子的恻隐之心，而爱心比金钱更重要。

3. 尊重社会差异。每个人都是社会的一分子。在现实生活中，差异是普遍存在的，也正是有这些差异才形成了多姿多彩的社会。因此，要教育孩子理解差异、尊重差异。比如人的模样有丑有俊，绝大多数是正常人，但也有少数残疾人。对于长相不好的人不能讥笑，对于残疾人更要尊重、帮助。对于不同民族、不同肤色、不同国家的人都要一视同仁，以诚相待。要尊重对方的文化习俗、与之友好相处。不同职业各有特点，但并没有高低尊卑之分。社会上各种行业的人是互相服务、互相帮助的关系，所谓“人人为我、我为人人”。因此要尊重别人的服务和劳动，珍惜他人的劳动成果，自觉维护公共环境，尽量减少别人的麻烦。

《论语》中说："仁远乎哉？我欲仁，斯仁至矣。"仁爱并不难做到，关键是"欲仁"。只要孩子有了孝悌、仁爱、恻隐、同理之心，再加以家长老师的悉心引导，就会在他们幼小的心灵里种下美和善的种子，成为一个知爱识礼的人。

案例分析

妈妈也会疼

洋洋玩耍时不小心打到我的眼睛，他愣了一下，就没事似的跑到一边玩了。我心里却难以平静了。平时如果我不小心磕碰了孩子，我都会向他道歉，但是我磕碰了却总对孩子说"没事，妈妈不疼"，孩子会不会觉得妈妈就是不会疼的，是不需要关心的呢？于是，我拉着他的手认真地说："妈妈眼睛很疼，你如果帮我揉揉，我会很舒服。"洋洋认真听完，帮我揉了揉，问："还疼吗？"我笑着说："好多了，谢谢你！"孩子的眼睛瞬间亮了，露出了兴奋的笑容。

这件事中妈妈的思考和对孩子的教育是正确的，也足以让所有的父母反思。父母疼爱孩子是应该的，但是不是也应该让孩子去理解、关爱父母呢？要不要让孩子从小体会父母的辛苦呢？如果让孩子从小养成以自我为中心，不顾别人感受的习惯，长大难免会自私冷酷。只有让孩子理解爱是相互的，在接受爱的同时也需要付出爱，孩子长大后才会成为一个热情善良的人。

培养幼儿感恩之心

场景一：早上孩子入园，送孩子来的有爸爸、妈妈、爷爷、奶奶，有的还是太爷爷送。年龄虽然参差不齐，但我们看到了一样的动作，就是都由大人拿着孩子的书包。幼儿园放学了，家长们迫不及待地从老师手里接过孩子，随手就接过孩子的书包，边走边亲昵孩子。有的妈妈偶尔来迟一会儿，就不停地说："对不起儿子，妈妈来迟了。"

场景二：下雨了，年老的奶奶蹲在地上给孩子换鞋子，我们看到的不是孩子趴在奶奶耳边说"谢谢"，而是因为下雨路滑，奶奶走路慢导致上学迟到了，孩子在发脾气，奶奶却毫无怨言。

孩子的毛病几乎都是家人惯出来的。其实孩子本来是有主动性的，可家长怕这怕那，比着惯孩子，造成孩子衣来伸手，饭来张口，家长却逆来顺受。孩子长期处在过分呵护的状态中，很多养成了刁蛮任性的性格。他们认为许多事情都是理所当然应该拥有的，包括父母无微不至的照顾，老师呕心沥血的教导，亲友主动热心的帮助……这样的家长真该自己好好反思，也好好教育一下孩子，给孩子讲讲《爱心树》的故事，改改孩子的坏毛病。让他们了解大人付出的辛劳，对给予自己关怀和帮助的人抱有感恩之心，以行动回报父母、老师、同学、亲人的恩情。

（案例由果淑靓老师提供）

亲子活动

爱心小天使

1. 活动目的：通过扮演小乘客和过路人，让孩子体验公共场合“爱心”行为，激发孩子尊老扶弱的美德。

2. 活动场地：家中。

3. 活动方法：（1）用家里的椅子排成汽车状，由父母扮演老爷爷老奶奶上车，孩子学着让座，并说“爷爷奶奶您请坐”。（2）由父母扮演迷路而哭闹的小朋友，让孩子主动安慰“小朋友”，并帮助他找到亲人。（3）父母扮演老爷爷老奶奶提着重物过马路，让孩子主动帮忙。

4. 注意事项：对于孩子的帮助，父母扮演的角色要给以积极的回应和感谢，游戏结束后给以适当的评价。

绘本推荐

《逃家小兔》

一只小兔想知道妈妈有多爱她，就逗妈妈说要离家出走。小兔子作了很多种假设，可是无论他变成小花、小鸟、小鱼，还是山石、帆船，妈妈都能不辞辛苦地变成捕鱼人、园丁、大树，以及爬山的人、吹小帆船的风……最终找到孩子。最后，小兔子看实在跑不掉，只好说：“我不如就待在这里，做你的小宝贝吧。”妈妈把小兔子抱在怀里，递给他一根红萝卜。书中诙谐多变的对话和充满温情的图画会迷住所有的孩子。

《彩虹色的花》

早春的一天，原野上开放了一朵六色花瓣的鲜花，她像彩虹一样美丽，又像阳光一样无私。她把自己的花瓣送给小蚂蚁当船，送给小蜥蜴做衣服，送给小老鼠做扇子……冬天来了，彩虹色的花枯萎老去，被埋在厚厚的白雪下。等到来年春天，彩虹色的花又回到了原野上，又见到了太阳……这本书告诉孩子，颜色可以使花艳丽，可以使人愉快，还可以帮助别人。

第24讲
群体生活守规矩

《指南》原文

（二）社会适应

目标1　喜欢并适应群体生活

3—4岁	4—5岁	5—6岁
1. 对群体活动有兴趣。 2. 对幼儿园的生活好奇，喜欢上幼儿园。	1. 愿意并主动参加群体活动。 2. 愿意与家长一起参加社区的一些群体活动。	1. 在群体活动中积极、快乐。 2. 对小学生活有好奇和向往。

目标2　遵守基本的行为规范

3—4岁	4—5岁	5—6岁
1. 在提醒下，能遵守游戏和公共场所的规则。 2. 知道不经允许不能拿别人的东西，借别人的东西要归还。 3. 在成人提醒下，爱护玩具和其他物品。	1. 感受规则的意义，并能基本遵守规则。 2. 不私自拿不属于自己的东西。 3. 知道说谎是不对的。 4. 知道接受了的任务要努力完成。 5. 在提醒下，能节约粮食、水电等。	1. 理解规则的意义，能与同伴协商制定游戏和活动规则。 2. 爱惜物品，用别人的东西时也知道爱护。 3. 做了错事敢于承认，不说谎。 4. 能认真负责地完成自己所接受的任务。 5. 爱护身边的环境，注意节约资源。

《指南》导读

孩子上幼儿园以后，生活范围、生活角色、行为方式等都会发生很大变化，他们会逐渐感受到群体活动的乐趣，社会适应能力也会自然而然地提高。为了进一步扩大社会接触面，家长要鼓励孩子跟小伙伴玩耍，特别是跟年龄稍大的孩子玩，以丰富其交往经验，提高交际能力。节假日里，可以多抽出时间带孩子外出，去亲戚家，去公共场所，去各地参观旅游，以增加孩子的见识。对幼儿园大班的孩子，家长要找机会带孩子到小学看一下，为将来上小学做些心理准备。

社会生活中有很多行为规范，有的是有相关规定，但更多的是约定俗成。3—6 岁是孩子品德教育的关键时期，很多规矩要靠这个阶段养成。我们平时说孩子“懂事”或是“不懂事”，其实指的就是有没有规矩。俗话说“没有规矩，不成方圆”，通过讲秩序、守规矩的教育，可以形成孩子良好的行为习惯，有助于其健康成长。

在这方面，《指南》给家长朋友提出了三个教育建议。

第一，家长要给孩子做好榜样。孩子刚出生的时候没有自我意识，想哭就哭、想闹就闹，自然不懂得什么叫守规矩。随着年龄的增长，自我意识逐渐增强，自控能力也逐渐提高。通过家长日常的行为，他们开始意识到规则的存在，很多规矩自然通过模仿得来。大人们有时会奇怪地发现：我都没讲过孩子怎么就会做了。所以，家长在孩子面前的所作所为非常重要。俗话说“身教重于言教”“有其父必有其子”。要求孩子爱护环境，家长就不要随地乱丢垃圾；教育孩子节约水电，家长就不要使用长流水、长明灯；教育孩子守规矩，家长排队办事的时候就不要“加塞儿”；如果家长平时能够把正面用过的纸收集起来，反面接着用，孩子平时写写画画也会节约用纸，不会画了一笔两笔就随便扔掉。孩子在幼儿园学到的一些规则，有时会把它拿到家里来“命令”家长。如果孩子说得对，那家长就要认真遵守，不能反道而行，说什么“别听老师那一套”“在家就得听我的”。家长答应孩子的事要说到做到，不能言而无信。曾子是孔子的弟子，他妻子哄孩子时随口答应要杀猪给他吃，事后曾子为了履行承诺真的杀了猪。妻子说：“我不过是和孩子开玩笑，你居然信以为真了。”曾子说：“小孩子是不能和他开玩笑的。孩子没有思考和判断能力，等待父母去教他。现在你欺骗孩子，就是在教他欺骗别人。母亲欺骗了孩子，孩子就不会相信他的母亲，这不是用来教育孩子成为正人君子的方法。”这则传统故事，通俗而深刻地告诉我们：家长要言而有信，才能让孩子信服。

第二，帮助孩子了解并遵守各种规则。在幼儿园，在各种活动中教师自然会教给孩子不同的规则。在家里，家长也可以跟孩子玩有规则的游戏，和孩子遵守共同约定的游戏规则，谁也不能耍无赖。看图画书时，可以结合故事给孩子讲一些相关的处事规矩。社会上不同的环境和场所各有各的要求，家长带孩子外出时要及时告知孩子。比如，在街上遵守“走路靠右行、红灯停、绿灯行”的交通规则；到书店看完书要放回原处原样放好；到剧场、影院，不能大声喧哗影响他人；公共场所不能乱丢垃圾；到公园、动物园不要随便折损花木，不要伤害动物；借别人东西要归还，损坏他人或者公共物品要赔偿，等等。对孩子自觉遵守规则的行为要及时肯定表扬，对违反规则的行为要及时制止和纠正。

第三，让孩子养成诚实守信的优良品德。“仁义礼智信”是我国古代儒家提出的“五常”，也就是人与人之间五种基本的道德标准。其中“信”指的就是诚实守信。一个人是否讲诚信，是他在道德上合格与否的基本标准。孔子说：“人而无信，不知其可也”，就是说人如果没有了诚信，就什么事情也办不成了。党的十八大倡导社会主义核心价值观，也把“诚信”作为公民个人层面的价值准则之一。诚实就是为人真实、坦诚，不作假，不说谎，不歪曲事实，不文过饰非。守信就是严守信用，实践诺言，答应别人的事就一定尽力做到，接受了的任务就千方百计去努力完成。诚实守信是一个人的道德底线，这种品质要从小开始培养。

这里重点分析一下孩子说谎的问题。

2—3 岁的孩子，有时会把现实和想象相混淆，出现一些没有逻辑、没有现实依据的“撒谎”，这是生理幼稚期的自然表现。随着年龄的增长，自尊心的增强，他们自我保护的意识也慢慢建立起来，害怕被别人批评。其实，孩子偶尔撒谎，无意的或者善意的撒谎，没有多大害处的撒谎，这些并无大碍，不用过分计较。需要注意的是那些故意、恶意的、掩饰错误的、虚夸成绩的甚至是伤害别人的撒谎。矫正孩子说谎也要讲究技巧。因为很多谎话源自孩子自尊的心理，所以家长要慎用“撒谎”一词给孩子贴标签，慎用当场特别是当着外人戳穿谎言的方法，可以通过“冷处理”“巧处理”来引导孩子自省，给幼小的孩子留一些自尊。

“人之初，性本善”，孩子并非生来就会撒谎，有的时候是在家长的错误影响下逐渐形成的。比如，有的大人经常这样逗孩子：看孩子吃东西时说：“好吃吗？让我尝尝？”孩子不给，大人就装作不高兴，孩子同意了，大人又说：“谢谢，我不吃，孩子真懂事。”这种骗术往往搞得孩子无所适从。孩子不愿给大人吃往往是真实的表现，反而会遭到大人的冷眼；孩子给大人吃可能是虚假的表示，反而得到大人的表扬。有时孩子不小心做错了事，诚实坦白会遭到责骂，把责任推给别人甚至小猫小狗就没有关系。孩子为了博得家长高兴，故意说得到了老师表扬或得到了小红花，家长不问真假不问原因就大加称赞甚至给予物质奖励。孩子把别人的或是幼儿园的操作材料偷偷带回家，谎称经过了老师和小朋友的允许，家长明知可疑却不加追究。类似的事情多了，就会给孩子诚实善良的心灵留下阴影。因此，家长一定要注意：不能责罚诚实的孩子，不能助长孩子撒谎，不能让虚伪的行为占了便宜。

孩子做错了事，家长要鼓励他承认错误。要告诉孩子：犯错误是常有的事，大人也会犯错误，但犯了错误不能掩饰而是要认错改错。孔子说：“过而不改，是谓过矣。”《弟子规》中也说：“过能改，归于无。倘掩饰，增一辜。”孩子承认了错误，家长首先要表扬孩子的诚实，然后再和孩子一起分析出错的原因，讨论今后如何防止出错。千万不能因为孩子承认了错误反而狠狠地惩罚，以致他以后为了逃避惩罚而说谎。俗话说“吃一堑，长一智”，要引导孩子从错误当中吸取教训，思考不再出错的方法。如果孩子所犯错误伤害了别人，不能置之不理，要让孩子用自己的方式去寻求补救，争取别人的谅解，事情不大父母尽量不要轻易地越俎代庖，必须父母出面了也不要推脱躲闪。这样，既可以让孩子长记性、少犯错，又可以让孩子从小学会对自己的行为负责任。

规则意识说到底是一种公民意识和法制意识，是维护社会秩序、促进社会和谐之必需。只有人人都讲规则、守规矩，才能形成良好的社会风尚与和谐的人际关系。因此，从小培养规则意识非常重要。当孩子把这些规则内化成了自己的日常行为习惯，就会终生受益，同时惠及他人。1978年，75位诺贝尔奖获得者在巴黎聚会。记者问当年的诺贝尔物理学奖得主卡皮察："在您的一生里，您认为最重要的东西是在哪所大学、哪所实验室里学到的呢?"出人意料的是，这位白发苍苍的老人回答道："是在幼儿园。"记者感到非常惊奇，又问道："为什么是在幼儿园呢？您在幼儿园学到了什么呢?"老科学家微笑着回答："在幼儿园里，我学会了很多很多。比如，把自己的东西分一半给小伙伴们；不是自己的东西不要拿；东西要放整齐；饭前要洗手；做了错事要表示歉意；学习要多思考，要仔细观察大自然。我认为，我学到的全部东西就是这些。"老科学家所说的很多都是规则规矩，但他认为这些才是"最重要的东西"，而且是"全部"的东西。实际上能把幼儿园学到的这些常识运用一生，也就在很大程度上守住了做人的底线。

案例分析

划伤的汽车

某小区两个小男孩玩耍中用石子划伤了10多辆私家汽车。孩子的父母得知后，马上到小区物业查验监控录像，表示愿意承担一切后果。他们在小区每幢楼的每个楼门都贴了一张道歉信，诚恳地承认错误，答应负责修理或给予经济补偿。妈妈回到家里问孩子："你知不知道把车划伤了人家要花钱去修?""别人把我们家的东西弄坏了我们怎么想?"孩子低头承认了错误。妈妈说："不光跟父母承认错误，还要去跟别人认错道歉。"晚上，妈妈带着孩子到能够找到被划车的车主家里登门道歉。小男孩还折了一些小纸船，上面写着："对不起，我错了。"并诚恳地鞠躬认错。最后，妈妈和孩子的诚意得到了被划车车主的谅解，孩子从中也得到了教育。

这件事中，小男孩的父母没有掩饰错误，而是积极主动地寻求补救。他们的诚意不仅感动了别人，更重要的是教育了孩子，让孩子知道做了错事就要向别人道歉，就要承担错误带来的后果。孩子做的当然是一件错事，但是家长将其变成了“好事”。相信这件事情会给孩子留下深刻的教训，让他们铭记一生。

放手让孩子成长

儿子世源5岁时，我发现他有了一个奇怪的习惯——无论做什么事都要向我“请示”。比如去厕所，他会告诉我：“妈妈，我去厕所。”我毫不在意地随口说：“去呀！”他就蹦蹦跳跳地去了；他要吃水果，就会问我：“妈妈，我想吃香蕉，行吗？”“自己去拿呀！”我回答之后，他才会自己去拿了吃……慢慢地我发现世源这种习惯不太对劲，怎么孩子做什么事都要问过我的意见之后再去做呢？我开始反思自己教育孩子的方式，我对孩子的管教是不是过于严苛了呢？对他的约束要求是不是太多了呢？孩子是不是对我有畏惧感呢？发现了自己的不足，我开始慢慢改变教育孩子的方式，改变说话的态度，经常与孩子聊天。当孩子想做一些力所能及的事询问我的意见时，我就会微笑着说：“世源，这种事你完全可以自己做决定，妈妈相信你自己可以做好！”他讲自己在幼儿园做了什么，我都会表扬他做得很棒。生活中的一些事我也会鼓励他自己做，而且让他自己拿主意。一段时间过去，他不再事事都得到我的首肯再去做了。我发现原来孩子的能力这么强，他可以自己解决好多我认为他独立做不到的事情，每天自己收拾书包，准备学习用品，还特别会照顾别人，我生病了他还会叮嘱我吃药，我真的好感动！

家长的反思很可贵，家长的转变更有意义。爱孩子不等于把孩子保护起来，爱孩子更不等于限制孩子成长。每个孩子都蕴藏着强大的发展能力，不要让我们的爱变成孩子成长的桎梏。相信他们，学会放手，让孩子们丢掉父母的拐杖，在属于他们的广阔天地自由地翱翔吧！

（案例由热心家长刘慧芳提供）

亲子活动

五子棋

五子棋是一种老少皆宜、简便易学的游戏。通过跟孩子玩五子棋，既可以提高智力，又可以感受游戏规则，知道生活中规则的重要。在活动中，家长首先要讲清楚游戏规则，然后教孩子棋的玩法。根据孩子的智力水平，开始可以有所“示弱”，不能总让孩子尝到失败的滋味。随着孩子游戏的熟练和智力的提高，家长可以跟孩子“玩点真的”，以克服孩子“想赢怕输”的心理，让孩子正确对待输赢。除了五子棋，家长还可以根据孩子的年龄特点和兴趣，教孩子一些别的棋类和扑克等。这既有利于发展孩子的智力，也有助于密切亲子关系。

绘本推荐

《学说谎的人》

阿福是个诚实善良的孩子。因为老受欺负，爸爸就让他外出去学习说谎。阿福在路上遇到很多骗子，得到了骗子变出的很多宝贝，骗子答应教阿福说谎，但阿福没有学说谎，因为他明白，事情的是非比真假更重要。最后，为了解救一个小偷，阿福不得已说了谎，而被救的小偷也被感动，决定以后再也不做坏事。

《仅仅是个梦》

开始，沃尔特是一个不注意爱护环境的孩子，他不爱护树木、乱丢垃圾……直到有一天，他在梦里来到了未来，可未来太让人失望了：成堆的垃圾、污浊的空气、拥挤的交通……未来真是这个样子吗？回到现实中以后，沃尔特改变了……作者用对比强烈的画面告诉我们要珍惜环境，保护环境就是保护我们自己，保护我们的后代。

第25讲

从小培养归属感

《指南》原文

（二）社会适应

目标 3　具有初步的归属感

3—4 岁	4—5 岁	5—6 岁
1. 知道和自己一起生活的家庭成员及与自己的关系，体会到自己是家庭的一员。 2. 能感受到家庭生活的温暖，爱父母，亲近与信赖长辈。 3. 能说出自己家所在街道、小区（乡镇、村）的名称。 4. 认识国旗，知道国歌。	1. 喜欢自己所在的幼儿园和班级，积极参加集体活动。 2. 能说出自己家所在地的省、市、县（区）名称，知道当地有代表性的物产或景观。 3. 知道自己是中国人。 4. 奏国歌、升国旗时能自动站好。	1. 愿意为集体做事，为集体的成绩感到高兴。 2. 能感受到家乡的发展变化并为此感到高兴。 3. 知道自己的民族，知道中国是一个多民族的大家庭，各民族之间要互相尊重，团结友爱。 4. 知道国家一些重大成就，爱祖国，为自己是中国人感到自豪。

《指南》导读

《指南》“社会”领域“社会适应”子领域下的第三个目标是让幼儿“具有初步的归属感”。

人是群居性的动物，归属于某个群体，被这个群体所接受，在这个群体中获得幸福和快乐，是一个人非常重要的精神需求，而如果没有可以归属的群体，就会感觉无依无靠。美国著名心理学家马斯洛的需求层次理论把人的基本需求由低到高分为生理的需求、安全的需求、归属与爱的需求、尊重的需求和自我实现的需求五个层次。其实归属感在某种意义上说也是一个人心理安全的需要。

幼儿的归属感主要包括对家的归属感，对集体的归属感和对国家的归属感。培养这种归属感，就能发展出孩子爱家庭、爱家乡、爱集体、爱祖国的情感。

家是幼儿最早接触的群体，家庭是幼儿成长最重要的社会环境。孩子从出生到 3 岁入幼儿园之前，接触最多的是父母和家人。所以，要让幼儿爱家、有家的归属感，父母和家人必须先爱孩子，多陪伴孩子，多跟孩子一起玩，让孩子感到父母和长辈是可亲近、可依赖的人。在这方面，父母的作用非常重要。现在的年轻父母多为独生子女，他们习惯了自己父母全方位的照顾，生活的责任感和独立生活能力稍差。结婚以后，往往是对小家庭生活还没有充分的体验，对于丈夫、妻子应该担当的责任还没有真正树立起来，就迎来了自己的小宝宝，身份一跃成了父母，自己心理上还没长大就又有了孩子。于是，在养育孩子上有些手足无措，对孩子甚至缺乏应有的爱心和耐心，容易把孩子推给双方父母。这既不利于亲子关系的培养，也不利于孩子的健康成长。要知道，父母是孩子成长的第一责任人。一旦做了父母，养育孩子就是你人生中最重要的事业。孩子是上天赐予父母的最大恩惠和最好礼物。做父母，教育孩子，是十分难得的自我完善和自我提高的机会。有一本书叫《遇见孩子，遇见更好的自己》，很好地阐明了这个道理。书中引用美国前国务卿希拉里·克林顿对女儿讲的话：“我第一次做你的母亲，你第一次做我的女儿。让我们彼此关照，共同成长。”这句话很值得玩味。年轻的父母必须承担起养育、教育孩子的主要责任，认清亲情缺失对孩子、对自己的危害。防止为了一时的省心，而把孩子交给别人；为了一时的轻松，而忽视了对自己孩子的关爱。

托尔斯泰讲：“夫妻间的和睦是成功教育孩子的首要条件。”很多父母只重视了对孩子的教育，而忽视了夫妻之间情感的表达和家庭良好精神环境的构建。要知道，“家和万事兴”就包括了“家和子孙贤”。夫妻和睦、疼爱孩子、孝敬老人，亲戚之间和谐融洽，这些都会使孩子感受到家庭的温暖，体验到父母和家人的关爱。有了这种纯真质朴的情感做基础，我们可以把家庭成员的姓名、关系、职业告诉孩子，让孩子从了解小家庭到了解父母的社会关系。接下来让孩子建立对自己家庭住址的初步印象，如街道、小区、楼号或者乡镇、村街等，让孩子根据家居周围的一些标志记住自己的住所和一些亲友的住处。到孩子 4－5 岁的时候，家长就可以给孩子讲一些周围的风物景观、特色特产，观察家乡的风景和一些事物的发展变化，讲讲家乡的历史故事，在中国地图上找一找家乡的位置。这样就会把孩子对家庭的爱自然而然扩展到对家乡的爱。

现代社会中，个人和集体是分不开的，一个人总是会属于大大小小的某个集体。作为集体的一员，人的发展离不开集体。幼儿时期培养孩子对集体的归属感和荣誉感，让孩子具有良好的集体意识，对于孩子将来上学以至工作，都会产生深远的影响。

“幼儿园是我家，老师爱我我爱她。老师夸我好娃娃，我说老师像妈妈”。对于幼儿来说，最重要的集体就是所在的幼儿园和班级了。很多孩子长大后，还能记得幼儿园的老师和小朋友。在幼儿园，老师会通过多种方式让孩子们理解集体观念，培养集体责任感和荣誉感。家长也要积极配合幼儿园的工作，入园之前，给孩子做必要的心理准备和能力准备。在平时的家庭教育中，要多倾听孩子讲幼儿园的事情，引导孩子爱幼儿园、听老师的话，学会与人交往，懂得礼让和分享，和小朋友互相关心、互相帮助。自觉遵守幼儿园和班级的规则，不随心所欲为所欲为。多为集体做好事，不做损害集体和他人的事，成为一个受人喜欢的小朋友。当孩子回家说些老师和小伙伴的坏话时，家长不要过于相信孩子，也不能觉得孩子受了欺负而见火就着。一定要静下心来，出于爱心和公心给孩子分析，帮助孩子理解处世之道。即使是老师和别的孩子不对，也不要当着孩子表示，可以与老师和别的家长沟通，寻求恰当合适的处理办法。

德国诗人海涅说：“热爱自己的祖国是理所应当的事。谁不属于自己的祖国，他就不属于人类。”家长要在孩子幼小的心灵里种下爱国的种子，逐渐树立对祖国的归属感。国歌、国旗是国家的象征，孩子刚刚懂事的时候，就要让他认识祖国的国旗，知道祖国的国歌，告诉他“我们是中国人，我们爱自己的祖国”。要教育孩子懂得国旗是神圣的，国歌是雄壮的，不能损坏和亵渎。要借助于电视节目或者实地感受，增强对国旗、国歌的认识，知道看升旗、听（唱、奏）国歌的礼仪。对于5—6岁的孩子，可以通过讲述祖国的传统文化和当代成就，讲述中华民族优秀人物为国家、为世界做出的突出贡献，使孩子热爱我们的民族、人民和祖国。可以借助重大节日、体育比赛和一些国家大事，引导孩子从小关注社会和时事，为自己是一个中国人感到骄傲和自豪。还可以通过到风景名胜旅游观光，增强对祖国大好河山的直觉感受和热爱。

案例分析

宝宝的儿童节

女儿所在的幼儿园要搞“六一”儿童节庆祝活动，邀请家长参加。女儿回家对我说：“妈妈，六一那天有我的舞蹈，您去给我鼓掌吧?”我因为单位工作忙，“六一”又不是周末，就说：“妈妈忙，让你爸爸去吧。”他爸爸又说正好出差去不了。结果女儿很不高兴，几天都不理我。看到女儿情绪的异样，我也觉得不太合适，就把单位的工作安排了一下请好了假。为了给幼儿园的活动助兴，我们几个年轻的妈妈还抽空排练了一个小节目。“六一”那天，我换好新衣服，拿好照相机，带着女儿早早到了幼儿园。在舞台上，女儿跳得兴高采烈，特别是看到我们大人的节目更是异常欢喜。活动结束刚一上车，女儿就冷不防亲了我一口：“妈妈，你真棒！你真是我的好妈妈。”

幼儿园的“六一”亲子活动，既是展示孩子风采的舞台，又是密切亲子关系、家园关系的良好机会。在孩子眼里，这种节日的意义甚至会超过春节，也许会给他留下终生难忘的印象。在家园融洽的气氛中，孩子们可以充分感受家庭和幼儿园集体的温暖。因此，作为家长应该尽量调整时间，把这一天留给自己和孩子，愉快地

去给孩子鼓掌、加油，去陪伴孩子成长中的这重要一刻。

别拿“分离”吓唬孩子

儿子两岁多该上幼儿园了。他在家里越来越淘气，变得不听话，尤其是在着急出门时，他更是不急不慢。周六我们计划出游，给儿子穿衣服时，他总是自己玩自己的，赖着不换衣服，抱他拉他都不管用。看儿子这样，急性子的我对儿子说：“那你自己在家玩吧，我跟爸爸走了。”说完后就假装拉着孩子的爸爸出门。儿子看到后，马上服软，乖乖穿上衣服跟我们走了。我和他爸爸暗自高兴，此后遇到类似情况屡试不爽。可是，慢慢我也发现，当我跟他爸爸单独相处的时候，儿子总是很紧张地跑过来恶狠狠地问：“你们是不是不管我了要走?”哪怕我们一起到楼下送客人，儿子也要站出来阻止。尤其是第一次送他上幼儿园，面对与父母的分离，儿子表现出异常的抵抗，强烈的不安全感。我反思了自己的做法，可能是我的言语对儿子产生了不好的影响，让他误认为父母要抛弃他。于是跟丈夫商议，要互相监督，注意言语表达的方式，为孩子营造一个安全、温馨的家庭氛围。

这种“分离欺骗”的办法，可能不少年轻的父母都跟孩子用过。但正如案例中妈妈反思的那样，这很容易伤害孩子的心理安全，影响孩子对家庭的归属感。在家庭教育中，父母对孩子的爱应该是亲切的、真实的，让孩子感到长辈是可亲、可近、可信赖的，真正体会到家庭的温暖。

亲子活动

“九九重阳节”

1. 活动目的：通过和家人一起过“九九重阳节”，了解重阳节的有关知识，激发孩子尊老敬老的情感。

2. 活动场地：家庭。

3. 活动方法：(1) 引导孩子跟爷爷奶奶（姥姥姥爷）说问候祝福的话语；(2) 引导孩子给爷爷奶奶（姥姥姥爷）送小礼物、表演节目，帮他们敲敲背、捶捶腰等；(3) 引导孩子给爷爷奶奶（姥姥姥爷）做一些力所能及的事情。

绘本推荐

《团圆》

一个父亲常年外出打工，小女孩天天盼着跟爸爸见面。春节了，爸爸回家跟家人团圆了。一家人包汤圆、放鞭炮。爸爸送给家人过年礼物，修理了自家的屋顶，还带女儿去看舞龙灯……年过完了，爸爸又要走了。小女孩把一只带着体温的幸运币放到爸爸手心里。过年是中国人家家团圆的日子。有家就有幸福感，有家就有亲情在。

《爱心树》

这是一本读后让人潸然泪下的亲情绘本。一棵大树喜欢上了一个小男孩。小男孩天天来这里，采树叶、吃果子、荡秋千、捉迷藏……大树很快乐。男孩渐渐长大了，他希望获得金钱，大树把果子给他去卖钱；男孩要建房子，大树把树枝给他去盖房；男孩要去远航，大树把树干给他去造船……又过了很久很久，男孩回到了这里，可他已经变老了。大树也只剩下一个树墩，可还是让男孩坐在上面休息了……大树仍然很快乐。大树是母爱的化身，也是家庭的象征。大树付出了这么多，作为男孩就只知道索取吗？作者给我们留下了无尽的思考。

第26讲

走进自然去探究

幼儿的科学学习是在探究具体事物和解决实际问题中，尝试发现事物间相同、不同以及各种联系的过程，是幼儿园五大教育领域的一个重要部分。科学学习的核心是激发探究兴趣，体验探究过程，发展初步的探究能力。《指南》从两个层面对幼儿园科学领域的教育提出了指导意见，一是科学探究，二是数学认知。幼儿在探究和认知的过程中，不仅可以开阔眼界，开动脑筋，而且可以初步尝试归类、排序、判断、推理等科学思维的方法，既帮助了其他领域的深入学习，也为将来的学习奠定了基础。

《指南》原文

（一）科学探究

目标1　亲近自然，喜欢探究

3—4岁	4—5岁	5—6岁
1. 喜欢接触大自然，对周围的很多事物和现象感兴趣。 2. 经常问各种问题，或好奇地摆弄物品。	1. 喜欢接触新事物，经常问一些与新事物有关的问题。 2. 常常动手动脑探索物体和材料，并乐在其中。	1. 对自己感兴趣的问题总是刨根问底。 2. 能经常动手动脑寻找问题的答案。 3. 探索中有所发现时感到兴奋和满足。

《指南》导读

喜欢探究是幼儿的天性。每一个幼儿，从出生之日起就开始了对周围环境的观察和探索。可以说，幼儿天生就对整个世界，尤其是自然世界感到好奇，并会用自己的方式，如看、闻、触摸等方式去探究事物的奥妙。家长们都知道，幼儿爱撕纸、玩土、拆玩具，随便什么都爱往嘴里放，长大一点就爱问“什么”和“为什么”，实际上这就是在思考和探究。

“科学探究”最重要的就是要“亲近大自然”。《纲要》对“科学”领域的教育目标是这样规定的：“对周围的事物、现象感兴趣，有好奇心和求知欲；爱护动植物，关心周围环境，亲近大自然，珍惜自然资源，有初步的环保意识。”

大自然是最接近幼儿天性的。实际上不光是孩子，就是成年人在大自然的环境里也会觉得轻松、舒服。很多父母都读过朱自清的散文《春》：

“盼望着，盼望着，东风来了，春天的脚步近了。一切都像刚睡醒的样子，欣欣然张开了眼。山朗润起来了，水涨起来了，太阳的脸红起来了。小草偷偷地从土里钻出来，嫩嫩的，绿绿的。园子里，田野里，瞧去，一大片一大片满是的。坐着，躺着，打两个滚，踢几脚球，赛几趟跑，捉几回迷藏。风轻悄悄的，草软绵绵的……风里带来些新翻的泥土的气息，混着青草味，还有各种花的香，都在微微润湿的空气里酝酿。鸟儿呼朋引伴地卖弄清脆的喉咙，唱出婉转的曲子，与轻风流水应和着……雨是最寻常的，像牛毛，像花针，像细丝，密密地斜织着，人家屋顶上全笼着一层薄烟。”

这篇散文固然文笔很美，但如果没有大自然的美丽，作者即使有生花妙笔也难尽情描摹。如果没有对大自然的热爱，作者写不出这样温暖亲切的文字；如果没有仔细的观察和体会，作者也不会写得如此细腻生动。

著名心理学家、中央电视台《心理访谈》节目专家李子勋有一句名言：“上100堂早教课不如带孩子去亲近大自然。自然中蕴含着丰富的声、光、色、形多重信息，孩子易于被这些信息感染，因而变得更加灵动。”有的家长在对孩子的科学教育上，不是亲近大自然，而是寄希望于科学书。他们觉得自己工作忙，没空带孩子外出，而书刊知识丰富、图文并茂，正可以弥补父母的不足。其实这是一个认识上的误区。“读万卷书不如走万里路”，书里的知识再多、画面再美，也不如在大自然中亲身体验、亲手探究的记忆更深、收获更大。何况以图书为参考进行科学学习和资料查询，那是小学以后才可以逐步养成的能力。对于三五岁的孩子来说，更重要的还是到大自然中去培养观察和探究的乐趣。

家长要经常带孩子到大自然中去，观察山、水、土地、气候、四季，风雨雷电、日月星辰、花草树木、鸟兽鱼虫等自然景象及其变化。这些观察能大大提高孩子的感知能力和观察力。目前的情况是城市孩子条件不够，农村孩子重视不够。由于条件的限制和家长的懒散，孩子们普遍缺少接触自然的机会，对周围新奇、有趣的事物或者现象观察不够，更不用说了解常见动植物了。为了弥补这一缺憾，可以从家庭做起，种一些花草，养一些小动物。平时带孩子出门，应启发引导孩子注意周围天气、花草树木的生长变化。至少从孩子3岁起，就要有意识地在节假日一起出游，欣赏一些自然美景，在活动中注意引导孩子注意周围新奇、有趣的事物和现象，积极地发现问题提出问题，通过调查、实验、操作等和孩子一起寻找问题的答案。对于农村的孩子，更要鼓励和支持他们到田野里、树林中玩耍，在玩中享受无穷的乐趣。为了留存一些资料，出游时可以带上一些有益于探究的工具，如放大镜、望远镜等，也可以借助图画笔、照相机、录像机等，让孩子们保存和积累游玩、探索的记录。

在外出时，孩子由于好奇和兴奋，可能会到处跑跳，搞得衣冠不整，满身泥土。家长不要严词责备，这样会影响孩子探索的兴趣，甚至会使他们变得畏缩胆怯。为了保证安全，家长事先要告诉孩子一些保护性常识，像危险防范、饮食卫生等。游玩中不能光顾自己，要注意保护好孩子，以防发生意外事故。当然，该放手时要放手，不能过于小心，时刻把孩子拉在身边。另外，如果有可能，还可以几个家庭一起出游，这样大人们会轻松一些，孩子也会找到玩伴，因而玩得更加开心。有些东西孩子觉得好玩，可以带些回家，做成标本或者艺术品，如地上的小石子、树下的落叶、海边的贝壳等。但要注意环境保护，坚持社会公德，坚持爱护自然，不能乱扔垃圾，不能乱折花木，不能乱写乱刻，不能破坏环境。

案例分析

蚂蚁的两次搬家

儿子奇奇4岁多了，看到什么都爱琢磨，问个为什么。一天他在院子里玩，忽然神秘兮兮地跑来找我："妈妈，妈妈，要下雨了，该收衣服了。"我抬头看看天，万里无云，没有一点要下雨的样子，就问奇奇："你怎么知道要下雨了呢？"奇奇说："我看到蚂蚁搬家了。奶奶说过蚂蚁搬家就要下雨。"

我问："蚂蚁搬到哪里去了呢？""一群一群的蚂蚁从树上爬下来了。"凭我的经验，这种情况并不证明要下雨，但我并没有说出来，只是跟奇奇说："那就等等看吧。"果然，连续几天都是晴天，奇奇很是失望。一周后的一天，天气多云。奇奇又来告诉我："妈妈，我又看到蚂蚁搬家了，这回该下雨了吧？"我问："这回往哪儿搬呢？""从地上的窝里往树上搬。"我又说等等看。半个多小时过去，天越来越阴，果然下起了雨。奇奇问我："妈妈，这回蚂蚁搬家为什么下雨了呢？"这时我才把道理讲给奇奇："高的地方干燥，低的地方凉爽，所以晴天蚂蚁往低处搬。下雨的时候低处又会变得潮湿，蚂蚁提前感到了大地的变化，就会搬到高处。所以蚂蚁只有往高处搬家才表示要下雨。"奇奇恍然大悟。

幼儿的观察力非常敏锐。如果平时注意观察，是会探究到大自然很多秘密的。家长既要耐心地引导孩子发现问题、提出问题，又要启发孩子细心观察，认真思考，自己去尝试解答问题。这个案例中，妈妈开始引而不发，并未直接答复孩子，这样做很好。其实在最后讲道理时，还可以再分解为几个小的问题，让孩子逐一思考、观察、实验，不一定一下子就告诉孩子完整的答案。那样的话，可能对孩子更有益处。

亲子活动

找影子

1. 活动目的：激发幼儿对光和影子感兴趣，产生探究的渴望，并用适当的形式记录和表达。

2. 活动准备：记录用的材料。

3. 活动方法：在天气温暖、阳光充足的日子里，家长带孩子到户外互相找影子，设法把自己的影子藏起来不让对方踩到。让孩子思考探究影子大小和身高的关系、和角度的关系，让孩子画一画自己的影子。在上午 9 时、中午 12 时和下午 4 时三个时间段，在同一个位置观察记录影子的变化情况。

4. 注意事项：家长还可以启发鼓励孩子思考，如何让几个人一个影子，如何让影子拐弯等。

绘本推荐

《第一次提问》

孩子在感受大自然、欣赏周围的美景时，会给大人提出许许多多的问题。有对世界的探索，有对美的感悟，也有对人生的思考。这些问题，大人有的可以回答，有的无法回答。也许，孩子的问题就是提给自己的、提给未来的。请珍惜这第一次提问吧！让孩子永葆这童年的求知欲，永远能够提出问题并尝试去解决问题吧！

第27讲
观察事物学方法

《指南》原文

（一）科学探究

目标2　具有初步的探究能力

3—4岁	4—5岁	5—6岁
1. 对感兴趣的事物能仔细观察，发现其明显特征。 2. 能用多种感官或动作去探索物体，关注动作所产生的结果。	1. 能对事物或现象进行观察比较，发现其相同与不同。 2. 能根据观察结果提出问题，并大胆猜测答案。 3. 能通过简单的调查收集信息。 4. 能用图画或其他符号进行记录。	1. 能通过观察、比较与分析，发现并描述不同种类物体的特征或某个事物前后的变化。 2. 能用一定的方法验证自己的猜测。 3. 在成人的帮助下能制定简单的调查计划并执行。 4. 能用数字、图画、图表或其他符号记录。 5. 探究中能与他人合作与交流。

《指南》导读

观察是一种非常重要的探究能力。英国教育家斯宾塞说："教育的首要任务，就是系统地培养孩子的观察力。"《指南》的"教育建议"中提出："有意识地引导幼儿观察周围事物，学习观察的方法，培养观察与分类能力。"

全面观察非常重要。"盲人摸象"中的盲人只摸到了大象的某个部分，就主观地认为大象是墙壁、大蒲扇、大柱子和草绳，犯了以偏概全的错误。所以观察事物既要把握整体，又要了解它的各个部分。比如，观察一盆茉莉，就要把它的花、叶、茎、根都要看到，才算是有了全面的了解。客观事物都是有其内在顺序的。所以观察时也要按照一定的顺序。比如，观察月亮，就要按照时间的顺序，看今天有哪些变化，明天有哪些变化；观察建筑物，就要按照由远及近、由外到内、由前到后、由整体到局部等顺序，这样才能保证观察的全面。有比较才有鉴别，对不同事物的观察可以采取比较的方法，找出相同点和不同点，即认识事物的“同中之异”和“异中之同”，从而把握事物的本质。比如，观察冬天与夏天有什么区别，老虎和狮子有什么区别，青菜和白菜有什么区别，等等。除此之外，还可以用图片比较的形式引导孩子找出图中的细微差别。在实际活动中，孩子的观察兴趣、观察角度可能跟大人不一样，对一些细小的变化或者对小虫子之类感兴趣，家长不予理睬或者加以阻拦都是不对的，如果有时间，还是跟孩子一起观察为好。

要做到全面观察，就不能光靠视觉，还要靠听觉、嗅觉、触觉、动觉等去感知事物的全部特点，对看到的东西有一个更完整的认识。比如，吃水果时，可以让孩子看看外形特征和颜色，用手摸摸表面是光滑或是粗糙，是软还是硬、是温还是凉，用鼻子闻一闻是香还是臭，用嘴尝一尝是甜还是酸。家中买来的小龟、小兔，不仅要孩子看，还要让孩子去触摸，然后让他谈一谈有什么感受。

对于生长比较慢、短期变化不明显的东西，就需要做连续观察，如树木、虫鱼等。提高连续观察的效果，往往需要做观察记录，可以帮助孩子做个较长时期的观察计划并坚持实施。要鼓励孩子用简笔画、照相、做标本等办法记录观察和探究的过程与结果。比如，跟孩子一起种花生，让孩子自己点种、浇水，观察花生的发芽、长叶、开花、结果直至枯萎的整个生命过程，享受收获的乐趣，同时也是对孩子责任心、意

志力和耐心的考验。如果让孩子定期拍照，最后将一组照片做出 Flash，则是孩子给自己一份非常好的礼物。

在孩子的探究活动中，家长要引导孩子积极地观察、思考，鼓励孩子多提问，多问几个为什么。心理学上把3—6岁孩子爱提问题的现象叫"询问期"。3—4岁是第一询问期，孩子常问"这是什么"；4—6岁是第二询问期，孩子常问"这是为什么"。前者问的是名称，而后者问的是原因和过程，表明孩子的好奇心、求知欲在逐步增强。家长要耐心解答孩子的提问，鼓励孩子发表自己的看法，并提出新问题。爱因斯坦说："提出一个问题比解决一个问题更重要。从新角度去看旧问题，常常需要创造性的想象力。"在探究中，家长可以引导孩子在观察、探索的基础上，根据不同的标准，尝试对动植物和不同的物体进行简单的分类、概括。比如，根据运动方式和生活习性给动物分类，根据生长特点给植物分类，根据外部特征给物体分类，等等。要支持和鼓励幼儿大胆联想、猜测问题的答案，并设法去验证。比如，看到秋天的树叶变黄了，便问孩子："树叶为什么变黄了?"随后鼓励他去猜测、探究："是因为天气变冷了吗?"看到妈妈晾衣服，可以鼓励孩子探究："湿衣服是怎么变干的呢？是太阳晒的，还是风吹的呢?"可以把一块湿毛巾晾到院子里的太阳下，一块湿毛巾晾在屋子里，来比较一下哪块毛巾干得快，为什么。引导孩子学习用适宜的方法探究和解决问题，或为自己的想法收集证据。如玩风车时，鼓励孩子猜测风车转动方向及速度快慢的原因和条件并实际去验证。想知道院子里有多少种植物，可以进行实地调查；想知道球在平地上还是在斜坡上滚得快，可以动手试一试；想证明影子的方向与太阳的位置有关，可以做个小实验等。

孩子在幼儿园学习和外出游玩的时候，家长要鼓励孩子与同伴一起进行探究与分享交流，这既是在体验合作探究，也是在进行语言交流和社会交往。通过提问和讨论，可以表达自己的发现；通过实验和操作，可以验证大家的预测；通过交换和赠与，可以使收集到的资料得到分享，加深伙

伴之间的友谊。

案例分析

同样是菠萝

芳芳是一个4岁多的小女孩。一天，妈妈买回一个菠萝。芳芳没见过整个的菠萝，就问妈妈这是什么。妈妈说："这是菠萝，是可以吃的一种水果。它的皮很硬，刺很多，你不要去摸它。它很重，你提不动，但它是圆的，可以滚动。你闻闻它是不是很香啊？妈妈一会儿把它切开，切开后用盐水泡一泡就更好吃了。"

奇奇是一个4岁多的小男孩，他很好奇，看见什么都想问问、摸摸。一天爸爸拿回一个菠萝，奇奇问是什么，爸爸说"是菠萝"，就把菠萝放到地板上，自己去忙别的了。奇奇摸了一下赶紧缩回手，说："爸爸，它刺了我一下。"爸爸说："是的。菠萝会刺手，要小心。"奇奇又试着提起菠萝的叶子，可是菠萝很重，奇奇很快又把它放在了地上，说："爸爸，这个菠萝很重，我拿不动它。""是的，菠萝很沉的。"奇奇又尝试着滚动菠萝，结果真的把它滚动了，他很高兴："爸爸，我把菠萝滚动了。"爸爸也很高兴："奇奇真能干。""爸爸，我闻到一股香味，菠萝可以吃吗？""菠萝是水果，可以吃啊。""那怎么吃啊？""爸爸把菠萝皮去掉，把果肉切成一块一块的，用盐水泡一泡就可以吃了。"吃过之后，奇奇说："爸爸，菠萝有点酸，还是挺好吃的。"……

同样是菠萝，同样是父母，同样是孩子最后吃到了菠萝，但过程却不一样，效果也自然不一样。妈妈是直接告诉芳芳的，爸爸是让奇奇自己体验的。芳芳从妈妈那里了解到菠萝的知识，但却是被动接受的。奇奇也学到了知识，虽然看起来慢一些，但却是通过自己的观察、摸索体验到的。表面看奇奇的爸爸可能有些"不负责任"，没有耐心解答奇奇的问题，但实际上看，这正是给奇奇提供了一个自己学习的空间，使奇奇体会到了主动学习、主动探究的乐趣和成就感。这可能对孩子一生发展都会有好处。

蛋壳和牙齿

饮料、糖果对每个小朋友的诱惑力都很大。甜甜也很喜欢喝饮料吃甜食。这一天从幼儿园回家后，甜甜问妈妈："老师说喝饮料多了对牙齿不好，是吗？"妈妈正想教育孩子改掉这个不好的习惯，就问天天："你是希望自己有一口漂亮的牙齿，还是希望牙齿变黑变脆呢？"然后，妈妈给甜甜做了一个科学小实验。蛋壳和牙齿组成成分类似，妈妈准备了五个蛋壳，分别把它们放到装满白开水、可乐、雪碧、橙汁、食用醋的碗中，先让甜甜猜想会有什么事情发生，然后让她坚持每天观察记录蛋壳的变化。甜甜很感兴趣，每天回到家里都迫不及待地去观察她的蛋壳，每一天的变化妈妈都帮忙记录下来。到了第五天，盛有食用醋的碗中，蛋壳完全被溶解了。盛有饮料的碗中，蛋壳也都变软了、变颜色了。只有白开水碗中的蛋壳没有丝毫变化。甜甜终于明白了，要多喝白开水，少喝饮料，少吃甜食才能保护好牙齿。

说教对于幼儿来说并不能起到多大作用，而利用科学小实验却能引发孩子的兴趣，加深孩子的理解。这个案例中，妈妈通过一个小实验，既让孩子直观地理解了饮料甜食对于牙齿的伤害，又从中学到了观察、探究、记录的方法，可谓一举两得。这正体现了孩子一个完整的学习过程。

（案例由家长张健提供）

亲子活动

豆子的生长

1. 活动目的：观察豆子发芽的过程，训练幼儿的观察能力。

2. 活动准备：绿豆、蚕豆若干，空广口瓶（罐头或麻酱瓶）、稍大的瓶盖若干，棉花、纱布。

3. 活动方法：取几个瓶盖，每个盖子内放一团湿棉花，将绿豆放在湿棉花内。绿豆上面盖上一层薄纱布。取几只空瓶，瓶内周围围上四五层吸水性较强的纸，倒少量的水在瓶内使纸湿润。将几粒蚕豆轻轻放在瓶壁和纸中间，把瓶子放在阳光下。不出三天，孩子就能清楚地观察到豆粒变成一棵嫩芽。

4. 注意事项：可以让孩子每天在同一时间观察，并写（画）出观察记录。还可以比较一下不同的瓶盖和瓶子分别放在阳光下和阴暗处有何不同。

绘本推荐

《七只瞎老鼠》

七只不同颜色的瞎老鼠，在河边遇到一只怪东西。他们每天分头去观察，各人的说法都不相同。有的说是大柱子，有的说是大扇子，有的说是一支矛，有的说是一条蛇……最后一天，白老鼠在怪东西的上下左右爬了个遍，最后才得出了正确的结论，原来这个怪东西是……这是一个耳熟能详的故事，又是一本生动有趣的绘本，告诉孩子整体观察识全貌的道理。

第28讲 探究事物长知识

《指南》原文

（一）科学探究

目标3　在探究中认识周围事物和现象

3—4岁	4—5岁	5—6岁
1. 认识常见的动植物，能注意并发现周围的动植物是多种多样的。 2. 能感知和发现物体和材料的软硬、光滑和粗糙等特性。 3. 能感知和体验天气对自己生活和活动的影响。 4. 初步了解和体会动植物和人们生活的关系。	1. 能感知和发现动植物的生长变化及其基本条件。 2. 能感知和发现常见材料的溶解、传热等性质或用途。 3. 能感知和发现简单物理现象，如物体形态或位置变化等。 4. 能感知和发现不同季节的特点，体验季节对动植物和人的影响。 5. 初步感知常用科技产品与自己生活的关系，知道科技产品有利也有弊。	1. 能察觉到动植物的外形特征、习性与生存环境的适应关系。 2. 能发现常见物体的结构与功能之间的关系。 3. 能探索并发现常见的物理现象产生的条件或影响因素，如影子、沉浮等。 4. 感知并了解季节变化的周期性，知道变化的顺序。 5. 初步了解人们的生活与自然环境的密切关系，知道尊重和珍惜生命，保护环境。

《指南》导读

在这一目标中，《指南》讲到了幼儿科学探究活动的内容，以及家长支持、引导孩子探究的方法。

幼儿的科学探究主要涉及以下几个方面：

1. 常见的动植物。了解动植物是多种多样的，了解其生长变化与生存习惯等。

2. 常见的物体和材料。包括自然物体和人造物体两大类。涉及物体的形状、物体的颜色、物体的结构与功能等特点。

3. 常见的物理现象。如运动、沉浮、磁力、声音、光影等。

4. 天气和季节变化。了解天气与季节变化对人类和动植物生活的影响。

5. 常用的科技产品。了解科技产品与人们生活的关系，带来的便利和不利影响。

6. 人们的生活与自然环境的关系。了解人类对动植物和自然界的依存关系，尊重生命、保护环境的重要性。

对幼儿来说，科学领域的教育不同于小学的科学教育，更不同于中学的物理、化学、生物课。幼儿对科学的了解，绝不是在课堂上听老师讲出来的，它有赖于日常生活中的感知和体验，有赖于家长在幼儿一日生活中的随时渗透，其目的在于培养孩子对科学的好奇和兴趣。正如《纲要》中的"指导要点"所说："1. 幼儿科学教育是科学启蒙教育，重在激发幼儿的认识兴趣和探究欲望。2. 要尽量创造条件让幼儿实际参加探究活动，使他们感受科学探究的过程和方法，体验发现的乐趣。3. 科学教育应密切联系幼儿的实际生活进行，利用身边的事物与现象作为科学探索的对象。"

很多家长都学过鲁迅先生的《从百草园到三味书屋》，记得那一段经典的描写："不必说碧绿的菜畦，光滑的石井栏，高大的皂荚树，紫红的桑葚；也不必说鸣蝉在树叶里长吟，肥胖的黄蜂伏在菜花上，轻捷的叫天子（云雀）忽然从草间直窜向云霄里去了。单是周围短短的泥墙根一带，就有无限趣味。油蛉在这里低唱，蟋蟀们在这里弹琴。翻开断砖来，有时会遇见蜈蚣；还有斑蝥，倘若用手指按住它的脊梁，便会啪的一声，从后窍喷出一阵烟雾……"文章中这些自然优美的语句，来自作者认真的观察和调皮的探究。小园中的这些趣事，在鲁迅童年的心里留下深刻而又美好的印象，一直到晚年还引起他亲切的怀念。鲁迅在百草园最早接触到的自然环境，引起了他后来对花草树木进行观察研究的兴趣，激发了他对科学的爱好。

家长在哪些方面可以对孩子进行科学启蒙呢？

1. 学会看天气。天气与季节变化跟人们的生活息息相关，应该从小就培养孩子关注天气状况，学会根据天气变化增减衣服和安排活动，教孩子从前一天的云彩和星空来推测第二天的天气。不光让孩子感知季节变化对动植物和人的影响，还可以把二十四节气这项中国古代的伟大发明告诉孩子，给孩子渗透一些有关季节、节气的知识。

2. 家庭生物角。虽然很多家庭都养有绿植，但往往是已经长成的植物。其实，不妨让孩子在花盆里种植一些有助于科学观察的东西，如小麦、玉米、花生、大豆，还可以将吃剩下发芽长苞的土豆、大蒜、萝卜、白菜等“变废为宝”，长出秧苗开出花。城市里的孩子，在户外也未必能观察到这些经常食用的果实和蔬菜是如何生长的。家里种上一些，正可以创设难得的自然天地。当然，还可以根据孩子的喜好，饲养一些小鱼、小龟、小鸡、小兔等。既可以感知动物的生长过程，又可以给生活增添不少乐趣。

3. 科学小实验。科学离不开实验。为了激发孩子对科学现象的兴趣，家长要尽量多地给孩子提供有利于探究的材料和工具，支持他们在玩中学、玩中做，感知并探究常见的物理现象。家长也可以跟孩子一起做简单的科学实验，如藏影子、摩擦起电、物体的沉浮、神奇的磁力等。

4. 参观科技馆。科技馆、天文馆、海洋馆、博物馆这些场所，展品丰富，内容新奇。如果有条件，家长可以有意识地多带孩子去参观，让孩子大开眼界，感知更多的未知事物，激发孩子对未知世界的兴趣。

5. 户外科学考察。孩子与大自然有着与生俱来的亲近感，“儿童放学归来早，忙趁东风放纸鸢”“儿童急走追黄蝶，飞入菜花无处寻”“大儿锄豆溪东，中儿正织鸡笼。最喜小儿无赖，溪头卧剥莲蓬”，这是多么轻松愉快的心境啊！带孩子到户外游玩，体会季节的变化，观察植物的生长，既是一种身心的愉悦享受，又是难得的科学熏陶。城市的孩子可以在周围的公园和绿化区，也可以到郊外进行活动。农村的孩子更有特殊的优势，家长更应该鼓励孩子到田野里、山林中，去跑、去跳、去听、去看，探究大自然的奥秘。

科学探究是有其固有的规律和方法的，一般来说要经过提出问题、猜想假设、实验求证、得出结论、表达交流等几个环节。家长引导孩子探究，也要遵从这个流程，从小培养孩子科学、严谨的研究习惯。这样会对孩子以后的学习产生积极的影响。比如，孩子发现了“沉浮”这一科学现象，就会产生“什么东西会沉，什么东西会浮”这样的问题。家长可以让他们先猜一猜，提出自己的假设。孩子可能会说“大的、厚的、重的东西会沉，小的、薄的、轻的东西会浮”。这个简单的假设成立吗？家长要引导孩子找来不同的材料来检验自己的假设，孩子想象不到的物体家长可以进行启发。对于孩子得出的不正确、不完善的结论，家长不要急于否定，要通过实验的方法进行修正、补充，最终引导孩子得出结论并力求表达清楚。结论的正确与否一般符合孩子的年龄特点和理解水平即可，不必过于苛求。

家长在支持幼儿科学探究方面要注意以下几点。

1. 参与而不添乱。在探究活动中，家长可以提供操作材料或演示一些科学小实验，可以启发、引导孩子，可以适当地暗示和提醒，可以回答孩子的提问，但是不能代替孩子感知和思考。特别是当孩子独立操作和探究的时候，最好不要去打扰和影响孩子。孩子会把自己的原有经验和新的体验结合起来，以寻求获得新的知识。通过动脑动手亲身体验获得的经验可以使他们获益终生，而且尝试成功的过程又会激发他们探究事物的热情，激发学习的积极性和主动性。

2. 宽容而不控制。尝试是科学研究的重要方法，出错自然也是常见的现象，所谓“失败是成功之母”。因此，要注意倾听孩子的想法和道理，通过引导其深入思考或重新尝试去寻求正确的答案。孩子在探究中有时会弄脏衣服、损坏物品。这些在大人看来“破坏性”的行为，有时是孩子不小心，有时是在积极的尝试。家长不要着急上火，要宽容、尊重孩子的行动，再给予适当的提示和引导，更不要说那些伤害孩子自尊自信的话。有专家认为，失败的经验会挫伤儿童未来学习的积极性。“在科学领域，发现什么不可为与发现什么可为这二者同样重要。事实上，正是当发现之前设想的方法不可行时，科学才获得了发展的可能。尽管不能让儿童持续地体验到失败的经历，但对于失败的积极态度可能会更有助于他们掌握问题解决的技能。而且，在很多科学探究中，都没有所谓的对与错之分。”①

3. 自然而不机械。孩子的科学探究不是家长预设的、成人化的内容，而要符合其年龄特点。不要将过于深奥的科学概念和科学知识过早地教给孩子，不要进行那种说教式、机械性的教育。要注意贴近孩子的生活经验，在日常生活中自然地生成，让孩子感受身边的科学，了解科学就是为生活而服务的道理。

4. 放手而不冒险。家长要鼓励孩子动手实践和探究，该放手时要放手，但因为孩子年龄小、经验少，所以家长要高度重视安全问题，操作材料和工具要保证安全、无毒、无污染。要避免提供那些过于尖锐、锋利的工具，教会孩子安全使用刀、剪等手工器械。户外活动时，要让孩子注意人身安全，远离凶猛的动物和有毒有刺的植物。有的孩子对植物花粉和动物皮毛过敏，这些情况家长事先也要考虑周到。

案例分析

“拆”出来的成长

我的儿子快六周岁了，非常贪玩调皮，特别喜欢玩枪和车。春节时爷爷给他买了一把玩具枪，他对枪里能发射出子弹产生了兴趣，天天偷偷藏在屋里“捣鼓”这把枪。他爸爸准备制止他时，我拦住了。“好好的一把枪就要被儿子拆烂了，你还不让管！”丈夫对我的

① Rosalind Charlesworth，Karen K. Lind.《幼儿数学与科学教育》. 李雅静等译. 北京师范大学出版社，2011年，第65页.

阻拦感到生气。我故意赌气说:“拆烂了正好!万一伤到人不更麻烦吗?”其实,我的本意是希望保护孩子的好奇心。丈夫一时不理解,就去看电视了。我手里拿着多功能螺丝刀,站在儿子身后笑着说:“怎么?拆不开啊?”儿子一惊,回过头来看着我,先是有些害怕,然后脸一红,有些不好意思地点了点头。我说:“妈妈帮你一起拆好不好?咱们一起看看里面怎么回事?”儿子兴奋地点点头。我又严肃地说道:“不过妈妈强调一点,你必须认真做,认真看,保证咱们还能一起把它再组装起来。”儿子想了想,又点点头:“放心吧,妈妈。我一定会认真看,认真做的。”得到了儿子的承诺,我心里很高兴,开始和儿子一起动起手来。我指导儿子观察玩具枪的外部结构,弄清螺丝的分布及作用,然后根据螺丝的不同作用逐一将它们卸下来,按照顺序放好,轻轻地将枪体打开。说实话,对于玩具枪的内部构造我也是第一次见到,我俩一起观察它的内部构件,一起分析各构件的具体作用,最终大概明白了它的原理。儿子满意了,可难题来了,在我们研究枪的结构时,已经把各个部件弄得乱七八糟了,再组装回去难比登天。就在我们娘俩急得要发疯时,丈夫来到我们身边接过了螺丝刀,一边组装一边讲解。最后一颗螺丝拧紧后,儿子高兴地跳了起来,亲了我一口,然后又亲了爸爸一口。此后,家里的各种玩具时不时地就被“解剖”一次,丈夫几乎每次都自觉担任指导的角色,直到最终儿子能够独立完成。无数次的拆拆装装中,我惊奇地发现儿子注意力集中了,求知的欲望增强了,瞎跑乱闹的情况减少了。没有想到,当初我只是为孩子好奇心考虑的一个行为,最终竟产生了一个如此积极的结果。

在孩子的成长过程中,家长是需要有些“舍得”精神的。玩具固然是用来玩的,故意损坏玩具是不对的。但是,如果孩子是为了探究,是为了学习,那就不妨“舍”玩具而“得”经验。要知道,物品再贵重,也远远比不上孩子的健康成长更重要。这个案例中,妈妈抓住孩子爱动手这个契机,而且夫妻二人协调配合,不仅保护了孩子的好奇心,而且提高了孩子的动手实践能力。这是花多少钱也买不来的。

(案例由家长邱志芳提供)

亲子活动

神奇的三色水

1. 活动目的：通过对日常物理现象的观察和理解，提高幼儿的认知能力和探究意识。

2. 活动准备：玻璃瓶、食用油、水和蜂蜜、汤匙。

3. 活动方法：家长拿出准备好的三种液体，让孩子分别舀出两汤匙倒进玻璃瓶中，把瓶盖盖上。家长轻轻晃动瓶子，将瓶子放到桌子上。一会儿后，孩子可以看到瓶中出现了一个液体的“三明治”：最上面的是油，中间是水，蜂蜜则沉到了瓶子的底部。

4. 注意事项：做好这个实验的关键是晃动瓶子的时候不能用力过大，不然蜂蜜就会融化到水中。家长也可以把活动要领告诉孩子，由孩子完成这个有趣的实验。当孩子问为什么的时候，家长可以简单地提示“体积相等的东西，密度越大东西越重”的道理。还可以用体积相同的棉花团和米粒作比较以加深孩子的理解。

绘本推荐

《世界真好》

一只可爱的小老鼠晚上睡不着，偷偷溜出了洞口。他要去看看外面的风景。在他眼前展现出一个美丽奇妙的世界：太阳和蓝天，蜜蜂和花朵，蝴蝶和雏菊，小鸟和草地……当小老鼠再回到家时，妈妈正在家门口等他呢。妈妈告诉他世界上还有很多奇妙的东西，为你、为我、为大家而存在……

（廊坊市直第一幼儿园赵亚新老师，广阳区第一幼儿园吴晶玉园长、王成杰老师参与编写）

第29讲
有用有趣知数学

《指南》原文

（二）数学认知

目标1　初步感知生活中数学的有用和有趣

3—4岁	4—5岁	5—6岁
1. 感知和发现周围物体的形状是多种多样的，对不同的形状感兴趣。 2. 体验和发现生活中很多地方都用到数。	1. 在指导下，感知和体会有些事物可以用形状来描述。 2. 在指导下，感知和体会有些事物可以用数来描述，对环境中各种数字的含义有进一步探究的兴趣。	1. 能发现事物简单的排列规律，并尝试创造新的排列规律。 2. 能发现生活中许多问题都可以用数学的方法来解决，体验解决问题的乐趣。

《指南》导读

大千世界，万事万物都离不开数学。正如伟大的科学家伽利略所说："展现在我们眼前的宇宙就像一本用数学语言写成的大书。"在生活中，我们天天都在感知着数量、形状、类别、顺序、空间、时间这些与数学有关的知识，在认识事物、与人交往、解决各种问题中也都会用到数学思维。所以，从幼儿时期就要培养其对数学的认知和兴趣，以促进其抽象逻辑思维的发展。

蒙台梭利认为，幼儿数学逻辑能力的萌芽出现在"秩序敏感期"内（1—3岁）。在这一年龄段中，幼儿对事物之间的排列顺序、分类、配对等表现出特殊的兴趣。4岁左右的幼儿则对数字、几何图形和测量表现出强烈的学习愿望。如果成人能够抓住时机，针对幼儿的学习特点和学习需求给予适当的刺激，提供必要的玩具材料和良好的学习氛围，幼儿的数学能力就会得到迅速发展，并将会受益终身。

怎样使幼儿喜欢数学？怎样指导幼儿学好数学呢？幼儿数学学习应扎根于生活和经验，更多地通过真实的问题情景，使他们产生运用数学解决问题的需要。《指南》关于“数学认知”的第一个目标是“初步感知生活中数学的有用和有趣”，这也是幼儿学好数学的前提和首要的目标。只有孩子觉得数学有趣、好玩，才会真正爱上数学。

1. 在生活中认识身边数学的有用。学前儿童数学的学习内容大致有三个方面：数和量、几何与空间、数理逻辑。这些在生活中时时处处都会遇到。家长要有一双善于发现的眼睛，敏锐地捕捉数学学习的契机，引导孩子积累数学经验，体会数学的有用。比如，跟孩子一起寻找发现生活中用数字作标识的事物，像电话号码、时钟、日历和商品的价签等。从玩具、家具、电器以及家里所有的物件入手，引导孩子发现其形状，感知其不同。生活中很多问题可以用数学去解决，家长可以鼓励和支持孩子去发现和运用。让孩子记住自家的楼号、门牌和电话号码、汽车牌号，经过练习可以学会按键打电话，记住2—3个最常用的电话号码等。家长带孩子去游乐场玩的时候，很多项目要按照“先来先玩”的规则有序地排队玩。一家人玩拍球、跳绳、跳远等游戏时，可以通过数数、测量的方法确定名次等。

2. 在游戏中体会数学的有趣。幼儿最主要的学习形式是游戏，因此有趣的亲子活动，能够帮助孩子提升在生活中运用数学知识解决问题的能力。家长可以和幼儿一起观察家里或者其他地方的物品，注意他们的形状特征，鼓励幼儿产生联想并用自己的语言进行描述，体会描绘的生动形象性和趣味性。比如，熊猫身体圆圆的，脑袋圆圆的，眼睛圆圆的，全身好像是一个个圆形组成的。依次类推，和孩子一起找家里还有什么是圆形的：家里的灯是圆的，小茶几的台面是圆的，奶奶的眼镜片是圆的，妈妈的帽子是圆的……

3. 在操作中体会顺序和规律。当孩子建立了大小、长短、高低等常用的概念后，家长就可以引导孩子给身边的一些事物排出顺序。比如，按年龄大小给家人排序；给餐桌上的大碗小碗排序（爸爸用大碗、妈妈用中碗、宝宝用小碗）；按家人衣服、鞋子的大小排序；打开套娃再装上，按大小给套娃排序，等等。利用环境中有序排列的图案（如按颜色间隔排列的瓷砖、按形状间隔排列的珠帘等），让孩子感受和发现其中的规律。鼓励孩子自己去体会规律、创造规律，如按照红黄蓝的颜色给积木排序，再按照三角形、圆形、方形的顺序给积木排序；玩"拍手找规律"的游戏，拍一下握拳拍一下握拳——拍一下握拳拍两下握拳——拍两下握拳拍两下握拳——拍两下握拳拍一下握拳……这既是规律，也是节奏。

4. 在解决问题中学习分类方法。生活中很多物体需要分类，分类可以更清楚地理解和分辨物体的特点。家长可以引导孩子做不同标准的分类，培养孩子的数理逻辑能力。比如，按颜色、形状分类；按量的差异如大小、长短、粗细、厚薄、轻重分类；按物体的不同用途分类；按材料的不同质地如软硬、光滑与粗糙等分类。物品的分类方法还有很多，比如，按物品的归属分类：我的、妈妈的；按物体间的联系分类：娃娃和玩具放在一起，书和笔、本放在一起，帽子和围巾放在一起，口杯和牙膏放在一起，等等。

5. 在生活中建立并运用时间概念。人的一生就是一个时间段，人的每时每刻都在时间中度过。但是对于幼儿来说，学习时间还是比较难的，因为它并不直观，既看不到又摸不到。家长首先要结合钟表让孩子了解时、分、秒，让孩子从"嘀嗒""嘀嗒"的声音中感知"秒"，让孩子闭上眼睛由家长计时，感受"一分钟"的长度，初步建立时间的概念。然后教会孩子看钟表，从易到难慢慢学，可以用手动拨表的办法让孩子了

解小时和分钟、秒的关系。接着就要让孩子知道时间和活动安排的关系，如三餐的时间、起床和晚上休息的时间、上学上班的时间等。知道早上两个指针竖成一条直线时应当起床，中午两个指针重叠都指向钟顶时就要吃午饭，下午两个指针再竖起来时爸爸妈妈就该下班回家了。初步了解时间和时间名词之间的关系，如早晨、上午、中午、下午，白天、晚上、夜里这些词是怎样规定的，怎样是一天。以今天为基点，了解昨天、前天、明天、后天。从日历、年历以及一些家庭活动的安排上了解时间，初步懂得一天和一周、一月的关系。从家庭、幼儿园或社会上的一些活动，了解节假日的规定及意义，如家人的生日以及母亲节、儿童节、中秋节、国庆节、元旦、春节、寒暑假等。从环境和气候的变化上，了解春夏秋冬一年四季。至于一些并不很具体的名词，如以前、现在、今后、后来、将来、很久、有时等，可以通过讲故事等形式让孩子去理解。

生活是教育的永恒主题，它为幼儿发展提供了很多契机。因此家长们首先应该具有数学教育生活化的理念，其次要充分利用与孩子共处的时光，让幼儿在生活中探索发现数学的奥秘，然后是在体验中感受解决问题的乐趣。这样就增强了数学教育的活力，同时也降低了数学教育的难度，从而使幼儿数学活动变得更有趣、有用、有意义。

1. 在生活中渗透数学教育。早晨起床，家长事先跟孩子商量好几点起床，引导孩子穿衣服按照一定的顺序。吃晚饭时，让孩子帮忙分发碗、筷、勺，根据家人确定碗筷的数量，同时做到餐具与人的一一对应。孩子讲述幼儿园一天的经历时，家长引导其说出“几个”“第几”，是在上午、中午还是下午，以及大小、先后的顺序。去超市购物时如果人不是太多，可以让孩子来付款，以便认识不同面值的钱币等。

2. 在游戏中渗透数学教育。在跳房子的游戏中，可以让孩子一起认识图形、方位、左右等；孩子在和伙伴一起滑滑梯时，可以让他们计数自己滑的次数，数自己位于队列的第几个；玩纸飞机时，可以让孩子尝试比较远近和高低；家人一起玩扑克牌时，可以让孩子学习分解组合、加减法等。

3. 在故事阅读中渗透数学教育。在读绘本《小蛇散步》时，可以让孩子数一数从小蛇身上走过去的动物各有几只，一共有多少个动物；壁虎比蚂蚁多了还是少了，少了几只……讲经典故事《拔萝卜》时，就可以让孩子算一算，有几只动物来拔萝卜了？有几个人呢？是动物多还是人多呀？《好饿的毛毛虫》则更具趣味性，从周一到周五，随着时间的变化，毛毛虫吃的食物数量也在相应的增加，家长可以和孩子一起去发现其中的规律，在发现、猜测、验证中感受数学带给我们的快乐。

总之，生活中到处都蕴含着数学信息，家长要做一个有心人，让孩子在实践中学习，在生活中发展，使抽象的数字与生动的生活相连，使枯燥的逻辑关系与丰富的环境相融。不断扩展孩子的数学空间，让孩子在数学的氛围中体味生活的丰富多彩，从而真正爱上数学。

·案例分析

“三五一十五太难了”

网上有一段视频：妈妈教四五岁的女儿背乘法口诀，小女孩每次背到“3×5”的时候就会卡壳。每次卡住了，妈妈就会严厉地提醒，导致孩子越背越糊涂。画面中不光妈妈在打骂，还隐约听到父亲也在训斥。小女孩边哭边背，样子非常可怜，最后跟妈妈喊：“你老让我背这句！三五一十五太难了，我永远都记不住，它一点都不简单！”

生活中这样的情况并不少见。父母在拼命地给孩子灌输知识，而忽略了他们的年龄特点和认知水平，忽视了对过程的理解和知识的应用。这样不仅教不会真正的数学知识，反而会让孩子产生对数学的厌恶和恐惧感，实在是摧残孩子。其实，数学启蒙首先要让孩子对数学感兴趣，在玩中体验和学习，理解数与数之间的关系、掌握数的概念。像背加法、乘法口诀这样孩子根本不理解，也无太多实际意义的事，家长最好不要去做。英国教育家斯宾塞早在100多年前就告诫家长：“死记硬背的办法已经过时，而且证明对孩子无益而有害。譬如乘法表，也应当让孩子在运用中获得记忆。就算必须要硬记，也仅应选择那些被时间证明的不朽的传世格言让孩子背诵。”

亲子活动

踏数卡

1. 活动目的：训练孩子的记数能力和运动协调能力。

2. 活动准备：10张长方形数字卡（略大于孩子的脚）。正面写上“1、2、3、4、5……10”十个数字，背面分别画上与之相应的数点。

3. 活动方法：先让孩子看清卡片上的数字，然后把数卡随意撒在地上，正反面均可。妈妈下命令如6本书，孩子迅速用脚踩在数卡“6”上；又如1、2、3、4，孩子马上找到这4张数卡的位置，用脚依次踏上卡片。踏在卡外或者踏错数卡则为输。

4. 注意事项：如果孩子所在位置离将要踏的数卡较远，可用单脚跳跃一步，但不得双脚落地。如果孩子掌握了简单的加减法，再出题时妈妈可适当增加难度。如果孩子喜欢，妈妈和孩子也可交换角色。

绘本推荐

《成为好爸爸》

蜡烛精灵拉拉找到小朋友果果的爸爸，说他一年里陪果果玩得日子并不多。所以，在果果6岁生日前的一周内，要帮爸爸满足果果5岁生日时许下的心愿。果果爸爸也深深意识到自己对不起孩子，于是，抽出时间来带果果一起看书、外出、玩游戏。作者通过蜡烛精灵和果果爸爸的对话，巧妙地把一年12个月隐含在美丽的图画中，让小朋友不知不觉就感知了时间的推移，学会了年月日的概念。

（廊坊市直第一幼儿园王大扣、王建华、张贤玲老师参与编写）

第30讲

数量就在生活中

《指南》原文

（二）数学认知

目标2　感知和理解数、量及数量关系

3—4岁	4—5岁	5—6岁
1. 能感知和区分物体的大小、多少、高矮长短等量方面的特点，并能用相应的词表示。 2. 能通过一一对应的方法比较两组物体的多少。 3. 能手口一致地点数5个以内的物体，并能说出总数。能按数取物。 4. 能用数词描述事物或动作。如我有4本图书。	1. 能感知和区分物体的粗细、厚薄、轻重等量方面的特点，并能用相应的词语描述。 2. 能通过数数比较两组物体的多少。 3. 能通过实际操作理解数与数之间的关系，如5比4多1；2和3合在一起是5。 4. 会用数词描述事物的排列顺序和位置。	1. 初步理解量的相对性。 2. 借助实际情境和操作（如合并或拿取）理解“加”和“减”的实际意义。 3. 能通过实物操作或其他方法进行10以内的加减运算。 4. 能用简单的记录表、统计图等表示简单的数量关系。

《指南》导读

《指南》关于“数学认知”的第二个目标是“感知和理解数、量及数量关系”。在这一目标下，需要幼儿掌握的是与数和量有关的数学基础知识和能力。它包括以下几个方面。

一、量的比较。指的是对不同物体大小、多少、长短等基本属性的感知和比较，以及对两组物体的比较。幼儿其实从很小的时候就与“量”发生关系了。2—3岁的时候，他们就可以根据自己的感觉，感知“大小”“多少”等。对于其他量的特征，往往也用“大小”来区分和概括。但随着认知水平的提高和语言能力的发展，开始可以感知长短、高矮、粗细、厚薄、轻重等特点，并能用相应的词语来描述。到了5—6岁，就能够结合具体事物的相互比较理解量的相对性了，如爸爸比妈妈高，比叔叔矮等。“长短相形，高下相倾”，事物的特征往往是相比较而彰显的。通过比较各种事物的相同点和不同点，并进行不同的归类，会逐步提高观察认识能力。家长要有意识地引导孩子用比较的方法来认识身边的事物，并加深记忆。在街道上，可以让孩子观察周围的大楼、树木谁高谁矮；在家里，可以让孩子比较盘碗谁大谁小；看书的时候，可以让孩子比较不同书本的厚薄和轻重；玩积木，让孩子比较积木的大小和长短，还可以据此分类……

二、基数和序数。基数是指用来表示多少的自然数或正整数，序数是指表示顺序第几的数。幼儿学习数字是从口头数数开始的。2—3岁的孩子可以从1数到10甚至更多，但他们并不理解数的含义，也很难跟生活中实际物体的数量联系起来。家长可以尝试把从1到5的实物数量与数字对应起来让孩子理解。3—4岁时幼儿能将数词与实际数量联系起来，能够手口协调地点数5个以内的物体，能够说出总数和按数取物。这个时候，家长不要急于教孩子点数10以内的物体，重点是让孩子理解从1到5数字与相应物体之间的对应关系，从机械点数发展到推理点数。推理点数的要求是：一个数字只能与点数的一个物体对应，同一个物体不能既是3又是4；说出数字的顺序要正确，不能是“1—3—2—4—5”；点数可以从任意一个物体开始，最后一个数字就是点出的这组物体的总数。数完“1—2—3—4—5”可以练习倒数“5—4—3—2—1”，感受从小到大和从大到小的不同排列形式。要让孩子懂得，同样一个数，可以表示不同的物体。还可以借助于一一对应的方法帮助理解，比如，两个孩子拿着两根胡萝卜去喂小兔子，从数量上说都是2。学会了数数，还要逐步学会用数字描述身边的事物。这既是数学教育，同时又是语言表达。可以从自己的身体开始，比如，我有一个鼻子、一张嘴，两只眼睛、两只耳朵、两只手，一只手有五个手指等，然后逐渐过渡到“我吃了三粒葡萄”“爸爸拿了四本书”这样整句话的表述。可以用歌谣的形式表述不同数字的一一对应，比如，“一只青蛙一张嘴，两只耳朵四条腿；两只青蛙两张嘴，四只耳朵八条腿……”当然这就难一些了。另外，可以通过“一双手”“一双袜子”“一双筷子”的演示让孩子理解“双”的概念，知道两个是一双。家长要注意，从一开始就要引导孩子用正确的量词来表述事物，不能什么东西都用“个”来表示，像“一个（棵）树”“一个（本）书”“一个（条）毛巾”“一个（条）金鱼”“一个（头）大象”等，当然这些量词需要孩子慢慢地去理解和记忆。4—5 岁幼儿点数能力和按数取物能力进一步提高，可以对两组物体进行点数，然后确定总量后进行多少的比较（不过一般每组不超过 10）。在进行多少的比较时，有的孩子会认为等量的西瓜比西红柿要多。同样是 5 块积木，红色木块排列稀疏，白色木块排列紧密，有的孩子会觉得红色木块多。这里，需要关注和提醒孩子的是不要受到其他因素的干扰，数量与大小、形状、颜色、排列形式等没有关系。在这个阶段，幼儿基本上能够正确理解数的顺序，通过实物操作进行按物点数和排序的方式，能够理解数的顺序即单个数在一组数中的位置，能够指出一排物体中某个物体是第几个（一般在 10 以内），同时理解相邻数之间多一少一的关系。家长可以通过生活实际或者儿童画册引导孩子学会表达序数。比如，小红排队站在从左边数第三的位置上，小明排队站在从右边数第四的位置上；动物运动会上，赛跑比赛中，小兔跑第一名，小乌龟跑最后一名；小狗住在第二层左边数第一个房间，小兔住在第四层右边数第三个房间……这些游戏中都包含了序数的概念。

三、加减计算。孩子在 4 岁左右会出现一个“数学敏感期”，他们会对数字概念如数、数字、数量关系、排列顺序、形体特征等突然发生极大的兴趣。家长要注意发现孩子的变化，抓住这一“敏感期”实施引导。4—5 岁的孩子通过实物和操作可以初步理解数与数之间的关系。比如，5 比 4 多 1，2 和 3 合起来就是 5 等。在此基础上，5—6 岁的幼儿可以初步理解“加”或“减”的意义，可以通过实物或其他方法进行 10 以内数的分解和加减运算。在

日常生活中用数字解决问题，比如，饭桌上有6个人，已经有了4双筷子，还差几双筷子；父母给孩子饼干，先给几块再给几块，看一共有几块了，吃掉几块后还剩几块。还可以通过一些图画书加深对数字和加减法的理解，如《蓝精灵》《三只小猪》《白雪公主和七个小矮人》等。

四、简单的测量。测量是一种基本的数学手段。通过计数可以认识物体的数目，通过测量可以认识物体量的多少。从小让孩子产生测量的意识，养成测量的习惯，对于科学思维的发展大有益处。当然，儿童要到小学阶段才会学到使用标准的测量工具，而在幼儿阶段，我们可以充分利用生活中的物体教孩子学习测量。这可以加深孩子对各种物体量的认识，培养孩子的动手操作能力和测量、比较的兴趣。如用手脚、小棒、吸管、书本等作为标准来测量物体的长短，用绳子、纸条作为量具来测量物体的粗细等。用一个标准长度可以进行连续测量，比如，把手张开，一拃一拃可以连续量出桌子的长度；用走步的方法，一步一步可以测量屋子的宽度。用一种测量工具可以测量不同的物体，比较出物体的长短、粗细；用不同的工具可以测量同一个物体，但因为标准不一，量出的结果会不一样。除了长度的测量，还可以通过体重秤和玩具天平来测量重量；利用室内温度湿度计可以测量温度湿度，利用体温计可以测量身体的温度，等等。

当前，在幼儿数学学习方面，家长往往存在以下几种误区。

1. 过度教育。有的家长不懂幼儿的心理特点和学习规律，受社会上一些人的忽悠，上什么数学天才班、早教班，学什么珠心算、手脑算之类的课程，占用了本该用来游戏的时间。这些课程难度有的达到了小学二三年级，教学方法死板生硬，有些概念和方法不仅与小学不相衔接，甚至有偏差和错误，很容易造成孩子厌学。

2. 只重算术。有的家长认为学数学就是数数和计算，天天让孩子练习加减法，忽视了在时间、空间、形体等方面的教育和逻辑推理能力的培养。这种做法局限了数学学习的内容，背离了学习数学的真正目的和意义。

3. 死记硬背。有的家长不是把数学与日常生活紧密结合起来，把数学学习生活化、游戏化，而是机械地让孩子背诵100以内的数、加法口诀和乘法口诀，而且把它当成每天的“作业”来考核。这种机械、枯燥的方法非但不能激发孩子的数学兴趣，反而会使孩子产生畏惧心理，影响其后继学习。

最后，再次提示一下家长应该如何帮助孩子学习数学。第一，从色彩鲜明、形象生动的物体入手；第二，从孩子生活中熟悉和感兴趣的事物、事件入手；第三，从一切可以操作的活动入手。总之，运用各种方法，引导孩子参与到数学实践的活动中，在活动中真正体验到数学内在的魅力，让孩子爱上数学。

案例分析

8点，下不为例！

孙子在开发区幼儿园上大班。妈妈工作忙，没时间照顾他，除在幼儿园外其他时间都跟着我。上星期我刚教会他认识了时钟，这几天孙子对时间产生了浓厚兴趣。早上一睁开眼睛就看时钟，把时钟跟生活中的很多事都联系起来。像7点该起床啦，8点要上幼儿园了，晚上9点该睡觉了……昨天晚上他妈妈来电话说公司有事需要加班，他赶紧抢过电话问：“妈妈几点回来?”妈妈告诉他8点回家。8点过了，妈妈还没回来，小家伙急了：“都8点了，妈妈怎么还不回来呀？怎么说话不算数呀!”我故意地说：“那你等妈妈回来后批评她吧，她说话不算数。”孙子想了想说：“不能第一次就批评妈妈，老师说过第一次犯错应该提醒，告诉下次不能这样做了，改了就还是好妈妈。”我竖起大拇指连声说：“好孙子，你说得很有道理，听你的。”“奶奶，你知道这叫什么呀?”小家伙一本正经地问。我不解地望着他，摇摇头。小家伙背着手走到我面前，非常严肃地说：“这叫下不为例!”真没想到，5岁半的孩子如此语出惊人。虽然孩子年龄小，不能完全理解“下不为例”的含义，但从今天妈妈回家迟到一事可以看出，家庭平时的教育没有白费。

孩子的学习能力是很强的，有时家长都奇怪孩子是哪天、从哪里学到了这么多东西，而且很注意“学以致用”。案例中小孙子不光喜欢从生活中学习数学，而且把老师、家长说的一些话活用到生活中。“8点，下不为例!”既有对时间的理解，又有对规则的坚持，还有对妈妈的宽容。这种情况下，家长再加以适当的鼓励和引导，孩子的学习能力就会进一步提高。

（案例由家长张新凤提供）

亲子活动

小拖鞋做尺子

1. 活动目的：培养孩子动手操作能力和对测量、比较的兴趣。

2. 活动准备：宝宝和妈妈的拖鞋各一只。

3. 活动方法：妈妈给孩子一只他自己的小拖鞋，教给他用小拖鞋来量家里书桌、茶几等家具的长度，并把数字记在心里，比较几件家具的长短。然后再让他用妈妈的大拖鞋来量同一件家具的长度，与之前小拖鞋测量的数字比较一下。孩子可能会惊讶地发现：桌子是我的8只拖鞋长，是妈妈的6只拖鞋长，这是怎么回事呢?

4. 注意事项：这个游戏并不需要孩子量出物体的具体尺寸，而是让他明白物体之间的大小关系是相对的，初步理解不同标准就会有不同结果的道理，为以后正式学习“测量”打好基础。

绘本推荐

《让谁先吃好呢》

好大好大的桃子，红扑扑、香喷喷，树林里这么多动物，该给谁吃呢?那就来比一比吧!比个头，长颈鹿第一；比体重，大犀牛第一；比嘴巴，鳄鱼是第一；比尾巴，小猴子第一。动物们为了先吃到大桃子，想了各种办法来排列顺序。可是，最后大桃子却被毛毛虫先吃了。让我们一起来看看，为什么会是这样呢?

第31讲
形状空间识关系

《指南》原文

（二）数学认知

目标3　感知形状与空间关系

3—4岁	4—5岁	5—6岁
1. 能注意物体较明显的形状特征，并能用自己的语言描述。 2. 能感知物体基本的空间位置与方位，理解上下、前后、里外等方位词。	1. 能感知物体的形体结构特征，画出或拼搭出该物体的造型。 2. 能感知和发现常见几何图形的基本特征，并能进行分类。 3. 能使用上下、前后、里外、中间、旁边等方位词描述物体的位置和运动方向。	1. 能用常见的几何形体有创意地拼搭和画出物体的造型。 2. 能按语言指示或根据简单示意图正确取放物品。 3. 能辨别自己的左右。

《指南》导读

《指南》关于"数学认知"的第三个目标是"感知形状与空间关系"。在这个目标下，《指南》给出了两个教育建议。

一、用多种方法帮助幼儿感知物体的形状特征

在我们所处的环境中，每个物体都有自己的形状。幼儿从很小的时候，就通过眼看、手摸等方法感知着周围的物体。虽然他们日常接触的大多是立体的物体，但那是实物，与书面上的立体图形并不会很快对应起来。从幼儿认识和理解的顺序上，一般是平面图形在先，立体物体在后。

在平面图形中，一般是先认识圆形，再认识三角形、正方形、长方形和别的图形；在立体物体中，一般是先认识球体，然后是正方体、圆柱体和长方体等。在识记的过程中，一般是大人先告诉他某个图形的名字，如“这是圆形”“那是正方形”等。孩子凭借对形体的直接感知作出自己的理解，建立图形与名称之间的联系，然后根据所说图形的名称来辨认图形，最终达到能给图形命名。当然这一过程可能会经过一段时间。4—5岁是幼儿认识形状的重要阶段。在家长和幼儿园老师的指导下，可以认识常见的几何体。除了常见的几何图形外，还能认识椭圆、半圆、梯形、菱形、平行四边形、扇形等，而且可以做到不受图形大小、颜色和摆放位置的影响来正确地指认和区分，能够在实际操作中进行分、合、拆、拼的转换。但是，有些幼儿受内在外在因素的影响，会出现几何图形与实物感知上的混淆、平面图形与立体图形的混淆，以及不同摆放方法造成的感知困惑，这些都是正常的现象。5岁以后，幼儿正确辨认基本几何体的能力会进一步提高，图形组合能力也有明显的发展，能够用常见的几何形体有创意地拼搭以及画出物体的造型。

幼儿科学教育是启蒙教育，重在激发兴趣。幼儿学习科学应该是引导其主动探索的过程。《指南》在对科学领域的“说明”中指出：“幼儿的思维特点是以具体形象思维为主，应注重引导幼儿通过直接感知、亲身体验和实际操作进行科学学习，不应为追求知识和技能的掌握，对幼儿进行灌输和强化训练。”家长在引导幼儿感知形体方面要注意些什么呢？

1. 在生活中感知各种形体。 正如数量问题要在生活中去理解和解决一样，形体问题也要“从生活中来，到生活中去”。对形体的辨识不要停留在纸上，要注意通过观察和比较，给孩子建立起纸上图形和生活实物之间的联系，最终使形体特征外化为实物，内化入头脑，形成对物体形状的抽象概括。家长可以在日常生活中结合具体情景，引导孩子关注身边的几何形体。如长方形、圆形的饼干，方形的手绢、方形或圆形的椅子，

圆圆的皮球、圆柱体的杯子、各种形状的积木等，还可以让孩子思考，圆圆的轮子可以滚动，方形的会怎样呢？积木的形状有各种各样，要搭一个房子需要哪些形状的积木呢……

2. 调动全部感觉感知形体。幼儿认识几何形体不仅靠眼看，更要靠手摸。在视觉上，孩子开始往往会注意形体的某一个突出特征，如圆形是没有“角”的，三角形是“尖”的等。通过反复对形体的观察、比较，才会得出形体的视觉形象。在触觉上，起初可能是手握物体，然后通过对物体的抚摸、揉搓，才会通过物体的手感得出自己的理解和判断，如有没有角，有几个角，有几个面，角是尖的还是钝的等。当然，对于球体和圆柱体，还可以用脚踢来帮助感知。

3. 通过实际操作感知形体。“纸上得来终觉浅，绝知此事要躬行”。看和摸是理解形体必不可少的环节，但最重要的还是操作，而且不是等孩子对形体完全有了感觉才去操作，是要在看和摸的同时就去引导和鼓励孩子摆弄、排列、拼插等。比如，用积木搭房子、用拼板拼图、用七巧板摆出各种有趣的造型等，通过手脑并用的活动加深对形体的理解。家长还可以把食物、果蔬等充分利用起来，跟孩子一起体验“生活中的数学”。比如，一张大饼可以切成两个半圆形和许多小扇形；炸馒头，可以切成圆形和半圆形的片；切黄瓜，可以切成圆形、椭圆形的片；切西瓜，既可以理解圆球体的形体特点，又可以思考怎样在有限的刀数内把西瓜切块最多……这既是在玩，也是在学习，孩子一定会觉得更有乐趣。

4. 在故事和游戏中学习。家长可以通过讲故事，帮助孩子理解不同形体的特点，像绘本故事《这是什么形状》《点和线相遇》《寻找消失的爸爸》《我和爷爷的建筑之旅》等。也可以和孩子一起玩“图形变变变”“铺石头（图形）”等与数学有关的游戏。

5. 理解幼儿的学习特点。《指南》的“说明”中指出：“要充分理解和尊重幼儿发展进程中的个别差异，支持和引导他们从原有水平向更高水平发展，按照自身的速度和方式到达《指南》所呈现的发展阶梯。”幼儿的个性特点不同，在不同领域的发展速度也不尽相同，不可强求一致。有的孩子在某一阶段语言领域发展较快，而科学领域相对迟缓；同是数学领域，有的孩子某阶段对数量关系感兴趣，而有的孩子某阶段对物体形状更感兴趣。这些都是很正常的现象。在数学目标的学习中，有的孩子更多凭记忆学习，有的孩子更多在观察中学习，有的孩子喜欢借助于语言游戏学习，有的孩子喜欢借助于音乐和图画来学习，这是他们对知识不同的接受和理解方式。家长要理解、顺应孩子的特点，用孩子喜闻乐见的形式教育孩子，通过不同的方式达到同一个目的。

二、引导幼儿利用空间方位经验解决实际问题

空间认知能力是人与动物生存的基本能力之一。人在不同的环境中生活，“定位”是一种非常重要的能力。“我在哪里”“我周围有什么”“我要去哪里”是我们每天都要遇到的问题。最初，幼儿的空间感是以自我为参照的。3—4 岁的幼儿，基本上可以感知物体的方位，以自己为中心来区别前后、上下、内外等。4—5 岁的幼儿则可以使用方位词来描述物体的位置和运动方向。5—6 岁的幼儿，对方位判定的稳定性进一步增强，可以分清自己的左右。不仅以自己为参照物，还能够以环境中某一物体为参照，来表达其周围物体的相对位置。

幼儿需要了解的空间概念大约有三类。一与位置有关，如上下、里外(内外)、前后、左右、旁边、中间、之间等；二与方向有关，如来去、前进、后退、围绕、穿过等；三与距离有关，如远近、靠近、远离等。家长在引导幼儿理解空间概念、培养空间方位能力方面要注意些什么呢?

1. 首先以幼儿自己为参照物。孩子辨别空间方位，是以自身为坐标的。所以家长教给孩子方位概念时，首先要从孩子自身开始，把不同方位与孩子身体的某些部位相联系。比如，告诉孩子“上面是头，下面是脚，前面有脸，后面有背”，“脸的中间是鼻子，鼻子上面有眼睛，鼻子下面有嘴巴，头的两边有耳朵”等。让孩子从自己身体部位出发，去理解方位词的含义，然后可以发展为“宝宝头上有电灯，脚下有地板”“宝宝前面是饭桌，后面是椅子”等。当孩子以自己为参照物理解了这些概念的时候，家长可以通过改变参照物的方式给孩子提问，如“爸爸头上有什么”“妈妈后边有什么”等。

2. 通过示范动作和游戏加深理解。有些方位词可以通过家长的示范动作帮助孩子理解。比如，妈妈挨着孩子时，告诉孩子“妈妈在宝宝旁边，宝宝也在妈妈旁边”。这时爸爸走过来，妈妈告诉孩子“爸爸靠近了我们”。一家三口站在一起，告诉孩子“宝宝在爸爸妈妈中间”。三个人站好一排，喊“前进”则一起向前迈出一步，喊“后退”则一起退后一步。让孩子“围绕”妈妈转圈，从爸爸妈妈“中间”“穿过”去。妈妈让孩子“从客厅到厨房，打开灶台右侧橱柜，在下面一层取出冰糖罐拿给妈妈”，爸爸让孩子“把桌子下边的小瓶放到阳台左边的窗台上”，等等。“来”和“去”不大好理解，可以通过让孩子“去自己屋里把皮球拿出来”，“来妈妈这里听故事”这样的游戏和体验，理解“来”和“去”的含义。

3. 充分考虑幼儿发展特点。从幼儿认识空间方位的顺序和规律来说，一般是先上下，再前后，最后是左右。这是由概念本身的特点和孩子认知发展水平所决定的。天为上，地为下，上下的标准一般不会改变。脸为前，背为后，但当孩子转过身去，前后会随之而改变。左右的理解则更难一些。虽然左右也是以自身为参照物，但人左右的身体部位并无明显的区别。所以，大人往往会告诉孩子“使筷子的手是右手”“拿笔的手是右手”，当然前提是孩子先学会了右手使筷子、拿笔。当孩子完全可以区分自己的左右手以及眼、耳和四肢的左右后，才可以逐渐过渡到以物体为中心辨别物体与物体的左右关系。如电视机左边的花、茶几右边的椅子等。

目前看来最难辨识的还是东西南北，很多年轻的父母也分不清楚。尽管如此，还是应该从小就有意识地让孩子了解这些重要的方位概念，它对孩子长大以后的生活会有很大帮助，可以不强求学会但一定要教。当然最简单的办法是找太阳，以太阳为参照物。早晨起来，面向太阳，前面是东，后面是西，左边是北，右边是南。然后，可以结合道路的走向和一些标志性的建筑来让孩子理解。

辨别空间方位的能力需要在日常生活中学习、了解和运用。家长带孩子外出时，可以随时提问关于空间方位的问题。比如，小区超市在自家楼门的哪一边，幼儿园在家住小区的哪个方向，前后左右都有什么标志性建筑等，学会在环境中辨别方向。接下来可以对5－6岁的孩子进行图示知识的教育，教会孩子看图示，学画家庭房间的平面图和小区的示意图，以及“按图索骥”——按照简单的示意图寻找某物等。

案例分析

乐乐学数学

乐乐已经学前班了，但对10以内的加减法运算还是做得磕磕绊绊，对左右更是分不清楚，家里人觉得孩子天生对数学不开窍。但是，乐乐对画画和跳舞很有兴趣，在孩子要求下妈妈给她报了绘画和舞蹈的课外训练班。差不多一个学年下来，乐乐画画和舞蹈的水平大长，画作攒了一大摞，茶余饭后经常在家人面前表演舞蹈，还经常当小老师教给家里人，总能得到大家的鼓励和肯定。同时，家里人发现孩子对数字和方位的理解不知不觉中加强了。暑假中，家人带乐乐到大兴西瓜博物馆参观，乐乐对各种西瓜的形状如圆的、长圆的、椭圆的，还有后期加工的方形，瓜瓤、瓜子的颜色都说得头头是道，还饶有兴致地从家人包里拿出签字笔和记事本开始画起大西瓜来。参观完博物馆开始品尝西瓜，西瓜切开后让孩子来给大家分一分，一共几个人，每人可以吃到几块西瓜，乐乐完成得很好，很容易地掌握了在课堂上也许要好久才能掌握的知识。乐乐在当舞蹈小老师的过程中，家人经常故意做错动作让她来纠正，因此乐乐对方位的理解也大大加强。

随着年龄的增长，幼儿对数的理解和图形、方位的感知能力逐渐加强。《指南》告诉我们“幼儿的发展是一个持续、渐进的过程，同时也表现出一定的阶段性特征。每个幼儿在沿着相似进程发展的过程中，各自的发展速度和到达某一水平的时间不完全相同”，要“尊重幼儿发展的个体差异”。每个幼儿的兴趣特点、认知水平和学习方式不尽相同，也许幼儿这一阶段对数字不感兴趣，但对形状、方位感兴趣，家长要充分关注幼儿的兴趣，因势利导利用身边熟悉的事物、事件，让幼儿发现、理解“生活中的数学”，可能对幼儿的学习更有帮助。案例中家长的做法值得借鉴。我们要学会理解和等待，相信孩子会有质的飞跃的那一天。

亲子活动

神奇的莫比乌斯带

1. 活动目的：让幼儿认识“莫比乌斯带”，感受数学的魅力，激发对数学的兴趣。

2. 活动准备：彩色长方形纸条（5厘米×40厘米），剪刀、胶水。

3. 活动方法：家长拿出准备好长方形彩纸条，先用胶水把两头粘接成一个简单的圆环。再将另一条彩纸的一头旋转180°与另外一头粘接起来成为“莫比乌斯带”。可以发现前一个圆环有内外两个面，后一个圆环没有内外，只有一个面。把前一个圆环沿与纸条长边平行的中线剪开，可得到两个大小相同的圆环。把后一个圆环纸条的中线剪开，会得到一个更大的圆环。再拿一张彩纸，与长边平行在中间画出两条平行线，然后粘接成“莫比乌斯带”，沿其中一条平行线剪开，会得到相互缠绕在一起的一小一大两个圆圈。

4. 注意事项：这是一个经典的数学现象，一般是到了小学高年级才可以给学生讲。但对5—6岁的孩子来说，同样可以让其观察思考，激发他们的好奇心。这个活动可以家长先做，然后让孩子来做。每次剪开纸环之前，家长都要让孩子猜一猜会变成什么样子。将圆环三等分后，还可以四等分后看看会变成什么。

绘本推荐

《和你在一起真好》

三只鸭子——翘翘、宝哥、小胖从小就在一起长大，天天幸福快乐地玩耍。小胖一会儿“咚咚地跳上跳下”，一会儿又“前、后、左、右”四处移动。翘翘和宝哥为了找到突然消失了的小胖，在房间里四处寻找：床底下、书桌上、橱柜上等。孩子们在阅读这个故事的过程中，不仅可以很好地熟悉空间概念，还可以熟悉表示空间的词汇。家长可以给孩子读，也可以照此跟孩子玩游戏。

（广阳区第一幼儿园徐向红老师参与编写）

第32讲 生活环境感受美

艺术是人类感受美、表现美和创造美的重要形式。幼儿艺术领域教育的关键在于充分创造条件和机会，引导幼儿学会在大自然和社会生活中用心灵去感受美和欣赏美，用自己独特的方式去表现美和创造美。艺术教育作为幼儿教育五大领域之一有着独特的地位，同时又在不同领域的交融中发挥着重要作用。美国儿童艺术教育专家玛丽·罗杰斯认为："艺术教育真正的价值，并不是培养艺术家，甚至不是提高孩子的智力，而是培养不同的方式。除了艺术的具体技巧之外，艺术课程还锻炼孩子的认知能力、好奇心、实验精神、冒险精神、灵活性、隐喻式的思维方式、审美等，其中很多是常规课堂上缺失的。"《指南》从两个层面对幼儿园艺术领域的教育提出了指导意见，一个方面是感受和欣赏，另一方面是表现和创造。

《指南》原文

（一）感受与欣赏

目标1　喜欢自然界与生活中美的事物

3—4岁	4—5岁	5—6岁
1. 喜欢观看花草树木、日月星空等大自然中美的事物。 2. 容易被自然界中鸟鸣、风声、雨声等好听的声音所吸引。	1. 在欣赏自然界和生活环境中美的事物时，关注其色彩、形态等特征。 2. 喜欢倾听各种好听的声音，感知声音的高低、长短、强弱等变化。	1. 乐于收集美的物品或向别人介绍所发现的美的事物。 2. 乐于模仿自然界和生活环境中有特点的声音，并产生相应的联想。

《指南》导读

美是客观存在的，美的事物是可以被人们感知的。所谓“爱美之心，人皆有之”。家长的任务，就是给孩子提供更多感受美的机会。在哪些方面感受美呢？《指南》的目标提出，一是喜欢看美的事物，二是喜欢听美的声音。

美的事物首先体现在大自然中。大自然是人类各种艺术的源泉，家长一定要多带孩子接触自然。周围环境中日升月没、昼夜交替、蓝天白云、阴晴雨雪、草枯树荣、花开花落这些自然现象，不仅带来景色之美，还能让人感受到科学之美。走出我们居住的小圈子，带孩子欣赏高山大海、森林草原、沙漠湖泊，更便于孩子从小打开视野，增强对美的感受力。很多美景带有明显的季节特征，可以在不同的季节去不同的地方。比如，春天去踏青赏花，夏天去海边戏水，秋天去田野里采摘果实，去周边去欣赏秋叶之美，冬天去雪乡滑雪看冰灯，等等。

美的事物还存在于人文景观中。家长也要多带孩子参观名胜古迹、园林建筑等，引导孩子欣赏人文景观之美。人文景观的美不如大自然之美那样直接，可以借助于自然之美来引导，也可以借助建筑艺术之美来欣赏。有些名胜古迹在特殊的时间、气候、季节中更有韵味，像雪后的长城、夏天的园林、深秋的圆明园、朝阳夕阳之下的故宫等，就可以选择时间去欣赏。名胜古迹往往蕴含着深厚的历史和美丽的传说，家长可以在与孩子一起感受历史故事的同时，交流和讨论对美的感受。看秦始皇兵马俑，是在欣赏其雄壮的战阵和逼真的造型，还可以把你带进那人喊马嘶的古战场，产生“前不见古人，后不见来者”的怀古幽情；瞻仰人民英雄纪念碑，在叹服其雄伟庄严的同时，更可以从基座的浮雕和前后的碑文中感受中国革命的历史和人民英雄的英勇。另外，从对人文景观的观察中，还可以对设计者和建造者产生尊敬、崇拜的情感，更好地理解“劳动创造美”“劳动创造世界”。如参观赵州桥，不仅可以感受其建造技术的鬼斧神工，更能产生对以李春为代表的古代劳动人民聪明才智的敬佩，激发出热爱祖国、热爱劳动、热爱科学的感情。

自然景物和人文景观的美，最明显地表现在色彩和形态上，引导孩子发现美、欣赏美的时候也要在这方面注意。当孩子对颜色、形状有了基本的理解和概念的区分时，就要鼓励孩子把看到的美景用自己的语言表达出来，同时学会做一些比较。如看大海，远近颜色会有不同；望长城，烽火台造型会有不同；同样是高山，高低、坡度会有不同；同样是宫殿，建筑的多少、样式、格局也会有不同。对孩子来说，更重要的是发现这些不同，说出这些不同。

感受自然美在于情景交融，把自然事物的特点与人的心灵感悟结合起来，这样才能真正达到审美的更高境界。孩子最初感受自然，也只是感叹它的外表。看到大海只会赞其大，看到高山只会叹其高，看到花鸟只会称其美。家长要把孩子这种最初的感官刺激逐渐提高到内心的高度，“览于目而会于心”，引导他们的心灵感受。如看大海，感受胸怀开阔；看高山，感受登高望远；看日出，感受蓬勃朝气……古人把“梅兰竹菊”喻为“四君子”，就是在它们身上体现了传统文化中的人格之美。梅花傲雪，“墙角数枝梅，凌寒独自开。遥知不是雪，为有暗香来”。兰花高洁，“从来岩穴姿，不竞繁华美”。菊花恬淡，“不是花中偏爱菊，此花开尽更无花”。竹子虚心，“未出土时先有节，及凌云处更虚心”。这样慢慢浸润，就能逐步提高孩子感受美的能力，使自然美起到美化生活、陶冶性情的作用。

5—6岁的孩子，随着他们各种能力的发展，会对美的事物形成自己的看法，而且他们已经不再满足于欣赏，会把自己认为美的东西收集起来，像路边的花草落叶，海边的小石头、小贝壳、小珊瑚等，或者装饰自己的空间，或者做成自己的

"艺术品"。家长要鼓励孩子这种收集整理的行为，可以给孩子准备一些收纳箱用来保存，也可以跟孩子一起设计布置。这是在保存美丽，也是在保存美好的回忆。

生活中有很多美妙的声音，1—2 岁的孩子就会对周围环境中好听的声音感兴趣，也会尝试敲打各种物品来制造声响。3—4 岁的孩子就更容易被自然界中风声、雨声、鸟鸣、犬吠等所吸引。大自然是一个声音的宝库，南朝文学家吴均《与朱元思书》中"泉水激石，泠泠作响；好鸟相鸣，嘤嘤成韵。蝉则千转不穷，猿则百叫无绝"，就生动形象地描述了大自然的声音之美。家长应该引导、鼓励孩子多到自然环境中去倾听和分辨各种声音，感知声音的高低、长短、强弱、快慢等多种变化。家长可以通过做拟声游戏让孩子分辨生活中的各种声音，还可以利用身边的各种资源制作沙锤、摇铃、响板、响筒等简单的乐器。5—6 岁的孩子，不仅能够充分感受生活中的各种声音，而且还乐于模仿，可以引导其模仿一些有特点的声音，并加以联想描述。另外，还要告诉孩子什么是噪声，噪声的危害以及远离噪声、不制造噪声等。

当然，生活中美的事物还包括社会美，而人的美在社会美中占居中心地位。家长还要有意识地引导孩子感受人的语言美、行为美、心灵美等，要让孩子从小知道，一个人美不美，重要的不是外貌和服饰，而在于心灵。教育孩子从小讲文明、有礼貌、守规矩，自觉地追求人的内涵之美。

案例分析

培养孩子的音乐感

儿子已经三岁了。一天跟小伙伴一起玩耍时，我发现小伙伴唱歌唱得特别好，音调拿捏得很准，而我的孩子却从来没唱过歌。与丈夫一起反思，儿子成长的这几年，我们给他音乐的熏陶不够，而小伙伴经常跟奶奶一起去跳广场舞，慢慢就学会了一些歌曲。认识到这一点后，我开始有意培养孩子的音乐感，有意在他面前哼唱一些歌曲，儿子也开始对音乐产生了兴趣。尤其是在哄他睡觉的时候，儿子不仅不睡觉，还瞪大眼睛静静地听我唱歌。过年前夕，我带他去北京观看了儿童音乐剧，虽然没有坚持看完整场，但儿子非常高兴。进入冬季后，我们一家三口的生日陆续都到了，丈夫的生日是第一个，我和儿子精心准备了蛋糕，我还教儿子唱了生日歌。庆祝生日时，儿子随着我唱的旋律开始扭动身体，最终没有开口唱歌。没过几天我的生日又到了，丈夫给我唱起了生日歌，儿子也跟着爸爸开口唱了后两个字“快乐”。我们惊喜地为他鼓掌，不停地鼓励他。半个月后迎来了儿子的生日，在生日的气氛中，儿子又唱出了“生日快乐”四个字。随后的几天，他常常自言自语地唱“生日快乐”四个字，我借机引导他加上“祝你”二字，他居然唱出了整句。此后，只要是电视里的歌声，他就会跟着扭动身体，偶尔模仿两个字，唱的虽然不在调上，但搞笑的样子总是能让我们捧腹大笑。儿子看到我们如此开心，好像受到了鼓励，更加大声地唱歌，很快就能唱简单的歌曲了。

案例中的儿子可能内向一些，对艺术不太敏感，但关键还是父母启发引导的不够。可喜的是，妈妈及时发现了这一问题，及时进行了补救。更可贵的是妈妈没有着急，而是耐心引导、静等花开。俗话说：“不怕慢就怕站”。孩子起步虽然晚些，接受虽然慢些，但他一直在前行，相信在父母的鼓励下会有正常发展的。

（案例由家长张雪提供）

亲子活动

水杯奏乐

1. 活动目的：让孩子感受自制打击乐器（水杯）带来的快乐，以及水柱高低对声音的影响。

2. 活动准备：5—7个相同的玻璃水杯，一桶水，一双筷子。

3. 活动方法：（1）把水杯一字排开，先让孩子拿筷子敲击空杯子，听听是什么声音。（2）家长给水杯分别倒入不等量的水，再让孩子敲击听响，看有什么不同。（3）引导孩子思考，不同水杯为什么会发出不同的声音。（4）让孩子自己给杯子倒水，自己探究水量与声音的关系。（5）引导孩子用杯子敲打出简单的音乐。

4. 注意事项：关于水量和声音的关系，家长不要一开始就告诉孩子。先让其充分探究，再晓以简单的道理。关于敲击音乐，可以跟孩子一起观看音乐人用杯子“水琴”敲击出天籁之声的视频，引发孩子兴趣。当然，孩子敲得好不好没关系，关键是好奇和兴趣。

绘本推荐

《天空的绘本》

在幼小的孩子看来，天空的色彩是美丽的，天空的变化是神奇的。《天空的绘本》给孩子们展示出一个诗意、自由的天空，艳丽、奔放的画面给他们带来艺术的熏陶，富于哲理的语句又会启发人的无尽思考。带孩子到田野上、到大海边仰望天空吧，它会使孩子喜欢大自然，学会欣赏大自然的美丽。

第33讲

艺术作品欣赏美

《指南》原文

（一）感受与欣赏

目标 2　喜欢欣赏多种多样的艺术形式和作品

3—4 岁	4—5 岁	5—6 岁
1. 喜欢听音乐或观看舞蹈、戏剧等表演。 2. 乐于观看绘画、泥塑或其他艺术形式的作品。	1. 能够专心地观看自己喜欢的文艺演出或艺术品，有模仿和参与的愿望。 2. 欣赏艺术作品时会产生相应的联想和情绪反应。	1. 艺术欣赏时常常用表情、动作、语言等方式表达自己的理解。 2. 愿意和别人分享、交流自己喜爱的艺术作品和美感体验。

《指南》导读

上一目标讲的是感受现实生活中的美，这一目标讲的是感受艺术作品中的美。与现实美相比，艺术美源于生活高于生活，是真善美的统一。它以美的形象感染人、鼓舞人、激励人，使人的灵魂得到净化、德操得到提升。

欣赏要以感受为基础。感受是一种直觉，指的是能够听到、看到，或许只是感觉，或许只是赞叹，但未必能够说出美在哪里。而欣赏则是一种理智的审美活动，能够觉得好，而且说出哪里好。

当然，欣赏的前提还是“喜欢”。孩子天生对各种事物充满了好奇，那些有着鲜艳色彩、独特声音和新奇形象的艺术作品自然对孩子有着很强的吸引力。3—4 岁的孩子，“喜欢听”“乐于看”就可以了；4—5 岁的孩子，在听和看的时候能引起相应的情绪反应；5—6岁的孩子，就有一定的艺术欣赏能力了，可以跟别人表达和交流自己的感受。

对于幼儿艺术欣赏教育来说，最适宜的并不是告诉和灌输，而是引导幼儿自己去感知，充分发挥想象，自由表达情感。作为家长，重要的是积极创造条件，让幼儿接触多种艺术作品，把他们引进艺术作品的世界，通过其中的多种要素，如节奏、旋律、比例、姿态、色彩等，打开孩子的眼、耳、手、心灵、大脑等通道，充分发挥他们的想象力，逐步培养其欣赏能力。

音乐是一种声音艺术。幼儿欣赏音乐时，是把音乐作为整体来接受的。2—3岁能够辨认乐曲中速度的变化，4—5岁在家长和老师的引导下，能理解音乐的简单结构，分辨音乐的题材风格。5—6岁，幼儿对力度、速度的感受更加细腻，他们能够抓住音乐的节拍，并随着拍子的快慢用动作来表现音乐。家长要多提供适合幼儿倾听的歌曲和乐曲。歌曲要歌词易懂、朗朗上口、节奏简单，如《找朋友》《幸福拍手歌》《祝你生日快乐》《数鸭子》《小燕子》等；乐曲要形象鲜明、易于联想的，如《玩具兵进行曲》《小狗圆舞曲》《春之声圆舞曲》《铃儿响叮当》等。让孩子一边倾听一边感受和想象，最后再告诉曲名和相关的资料。音乐是需要“静听”的，在孩子单独欣赏音乐的时候，不要去打扰，尽可能给孩子创造一种安静的家庭气氛和宽松的心理环境。

美术是一种视觉艺术，美术欣赏更是一种复杂的心理活动。幼儿欣赏美术作品时，首先关注的是内容，简单来说画的是什么。当然，没有他人的参与，这一感受往往失于肤浅。在家长和老师的引导下，他们很快就会从内容转到形式，如颜色、形状、构图等。经过一段观察，他们还可以从画面的整体效果转到作品某一细微的特点。对于幼儿来说，家长无须用那些高深的名词概念去灌输，只需引导他们从整体到局部、从色彩到线条去欣赏、去体会就可以了，相信孩子是会从中感受美、发现美的。为了扩大幼儿的眼界，家长可以让他们接触不同题材、不同风格的作品。反映儿童形象和生活的画作最受孩子喜欢，如马奈的《吹笛少年》、毕加索的《母与子》、中国的《放鞭炮》《五花马》等。国画可以提供现代名家的动物、人物画，如齐白石的昆虫、小虾，吴作人的熊猫，张乐平的三毛，韩美林的猴子，风景画如《鲤鱼戏雨荷》《松鹤延年》等。外国名画中，写实作品的选择要适合幼儿的理解水平和生活经验，如拉斐尔的《椅中圣母》，米勒的《拾穗者》，莱顿的《缠线》，凡·高的《向日葵》，雷诺阿的《菊花》，魏斯的《克里斯蒂娜的世界》，列宾的《伏尔加河上的纤夫》，列维坦的《白桦林》等。抽象作品要适合幼儿富于想象的特点，如马蒂斯的《蜗牛》，米罗的《小丑狂欢节》，蒙特里安的《红黄蓝构成》，毕加索的《格尔尼卡》等作品。这些经过长期积淀流传下来的艺术财富，是给予孩子们最好的礼物。

艺术作品的范围其实是很广的。有时候，带有地方特色的艺术形式更直接、更生动，更能引发孩子的好奇心，如皮影戏、剪纸和捏面人等。家长在有条件的情况下，要多带幼儿去剧院、美术馆、博物馆等欣赏文艺活动和艺术展演。还要随时关注周围的一些艺术活动、艺术展演等，创造机会带孩子去参观学习。总之，利用多种途径引导孩子欣赏各种艺术形式和艺术作品，培养孩子的审美能力。

父母平时在引导、帮助幼儿欣赏艺术作品方面应当注意什么呢？

1. 了解艺术。为了教育孩子，跟上孩子的脚步，父母最好也要懂点艺术。这并不意味父母必须会写会画，能唱能跳，只是要求对艺术有一般的了解，有一点“艺术细胞”，懂一点最基础的艺术欣赏知识。这就需要加强学习，给自己充些“电”，不要做艺术的“文盲”。当然，如果父亲或母亲对某种艺术形式有一定的爱好或专长，那就更有话可说，能对孩子有所指导了。

2. 引导交流。虽然父母的艺术素养各异，但都可以与孩子进行交流。当孩子有了一定的语言表达能力后，他们乐于把自己对艺术作品的感受和体验说出来。从幼儿园回到家里，他们会主动地跟父母介绍自己学到的绘画、歌曲和舞蹈；从亲友家回来，他们也会提到自己看到的漂亮工艺品。这时，父母既要耐心倾听，又要给予积极的回应和鼓励。平时，父母跟孩子一起看电视、听音乐、看画册的时候，也可以提出一些问题，交流各自的感受。

3. 理解尊重。就像成人有不同的爱好一样，孩子的兴趣也各不相同而且常有变化。可能这一阶段爱听歌，下一阶段爱画画，过了一段又迷上了跳舞，这些都是正常现象。父母不要因为自己的好恶而强迫、控制孩子。因为年龄不同、个性不同，艺术感受也有不同。而且，幼儿在表达对作品的感受时，常常会根据自己的生活环境和生活内容去解释，正如美国教育家布鲁纳所说："儿童都有他自己观察世界和解释世界的独特方式。"父母要尊重孩子的独特感受，对于那些新奇的感受更要去理解、去体会，值得肯定的更要肯定，也许这正体现了孩子的创新思维。不要强迫孩子依照大人的思维去理解作品。孩子欣赏音乐作品时，身体难免跟着音乐律动。女孩子喜欢做一些舞蹈动作，男孩子更偏向敲打节奏，将身体的各个部位当作乐器进行拍打，这是孩子们的天性。若是不恰当的阻止，就会影响孩子的欣赏，相当于剪掉了孩子艺术的翅膀（当然在剧场里另有要求）。所以，家长应该让孩子尽可能地发挥自我、展示自我，鼓励他们大胆尝试，让孩子充分感受、享受艺术。

培养幼儿艺术欣赏的能力，家长还可以让他们从欣赏自己做起。孩子的涂鸦作品、随意的哼唱或者模仿的舞蹈，是艺术能力的最初显现。家长要以欣赏的眼光看待这一切，让孩子说一说画的、唱的、跳的都是什么，从哪里学来的。在夸赞孩子的同时发现他们的爱好，找到他们的"作品"与名家名作的相似点，鼓励孩子自我表现，同时更认真地去学习、欣赏艺术作品。

作为家长，还要克服"重创作轻欣赏"的毛病。一说到艺术领域，就想到唱歌跳舞弹琴画画，就要给孩子报各种艺术特长班。其实对于儿童美育来说，欣赏能力比表现能力更重要。俗话说"会说的不如会听的"。艺术表现往往需要天赋，而欣赏能力则是每个人经过培养锻炼都能具有的艺术品质。一个人不一定会唱歌跳舞，而且即使是搞艺术的人也不见得对各种艺术形式全知全会，但如果具有了较高的艺术欣赏能力，就会大大提高自己的艺术品位，让艺术给自己的生活带来无限乐趣，让美的种子在心中生根开花。这其实才是幼儿艺术教育的真正目的。

案例分析

我和春天有个约会

五月的一天，妈妈带5岁的玲玲参加了少年宫组织的“我和春天有个约会”艺术亲子活动，活动设有展览区以及操作区，展览区展示的作品有成人国画和儿童画等。玲玲走到一幅工笔牡丹画跟前，妈妈不失时机地给孩子介绍作者，告诉她牡丹是花中之王，但感觉孩子并不是很感兴趣，因为她已被充满童真、童趣的儿童画吸引住了，而且明显地活跃起来。

“妈妈，小树刚发芽，才有几片叶子!”

“是啊，宝贝，到夏天小树就会有许多叶子啦!”

“妈妈，我喜欢这只小兔子，它在晒太阳!”

“对啊，一定晒得暖洋洋的!”

“妈妈，那边有好多小朋友在画画，我也想去。”

“好的，我们也画一幅春天吧!”

欣赏美、感受美是表现美与创造美的基础，幼儿期是以具体形象思维为主，幼儿需要运用事物的具体形象、表象以及对表象的联想进行思维。在案例中，妈妈始终尊重玲玲的兴趣，注意与孩子的沟通并顺势引导，国画更多表达的是成人对美的感受，更加讲究技法与表现形式；儿童画更加贴近幼儿生活经验，色彩艳丽、造型夸张，更容易引起孩子的共鸣，激发他们的想象力从而产生创作的欲望。在带孩子欣赏各类形式的艺术美之前，家长要用孩子的视角来看待周围的世界，提供符合孩子年龄特点并顺应他们兴趣的艺术作品，让他去感知和领会，而不应强加于他们成人的喜好。

亲子活动

好玩的撕纸

1. 活动目的：锻炼幼儿的想象能力和表现能力。

2. 活动准备：几张比较好撕的纸。

3. 活动方法：开始可以让孩子把纸撕成条条、块块，通过其想象，做成“面条”“鸡块”，较大块的纸揉成一团做“丸子”，玩“做饭”的游戏。当孩子兴趣起来后，可以引导他们把纸撕成不同的形状，然后拼贴起来。还可以提供一些拼贴画，让孩子模仿拼贴。最后，让孩子凭自己的想象去撕纸块，拼贴出各样的贴画。

4. 注意事项：纸要分不同颜色，尽量不用又薄又脆的硬纸，以免划伤孩子。家长也可以跟孩子一起撕纸，分别拼贴，然后说出各自的创意。

绘本推荐

《没有字的故事》

这本图画书几乎没有文字。故事讲的是一个小男孩带着大号去上音乐课，临走时妈妈特意告诫他：不要在路上爬树或玩耍，不然就会迟到的。没想到，半路上小鸟、小狐狸、小松鼠、大熊都拦住他，小男孩吹起大号，给森林里的小动物们演奏了一场奇妙的音乐会，小动物们跟着音符跳起舞来……结果，小男孩赶到课堂时，音乐课早就已经结束啦！虽然迟到了，但小男孩表演了乐曲，结交了朋友，这次音乐和友谊之旅给他留下了非常美好的回忆。

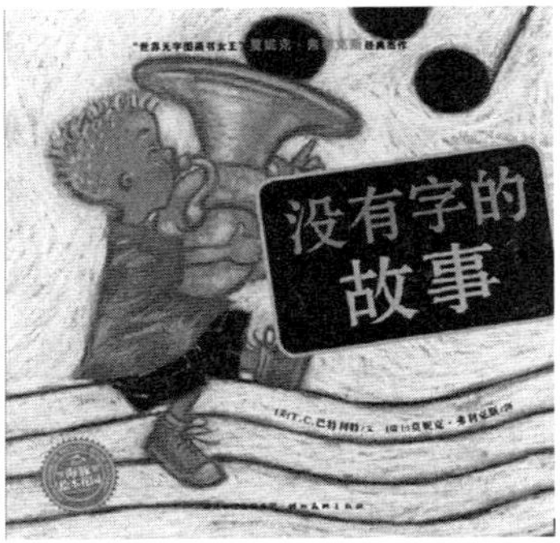

（廊坊市直第一幼儿园杨春艳老师、广阳区第一幼儿园徐向红老师、广阳区第四幼儿园徐国娟老师参与编写）

第34讲
支持孩子表现美

《指南》原文

（二）表现与创造

目标1　喜欢进行艺术活动并大胆表现

3—4岁	4—5岁	5—6岁
1. 经常自哼自唱或模仿有趣的动作、表情和声调。 2. 经常涂涂画画、粘粘贴贴并乐在其中。	1. 经常唱唱跳跳，愿意参加歌唱、律动、舞蹈、表演等活动。 2. 经常用绘画、捏泥、手工制作等多种方式表现自己的所见所想。	1. 积极参与艺术活动，有自己比较喜欢的活动形式。 2. 能用多种工具、材料或不同的表现手法表达自己的感受和想象。 3. 艺术活动中能与他人相互配合，也能独立表现。

《指南》导读

毕加索说："每个孩子都是天生的艺术家，问题是怎么在长大之后仍然保持这种天赋。"对于孩子来说，艺术是他们的一种语言，他把他想要的东西、要做的事情，用声音、绘画、形体等方式表现出来，他们才是天生的艺术大师。孩子们在生活中的艺术表现比比皆是。母腹中的胎儿听到莫扎特或巴洛克音乐，大都有安静、稳定、轻松的反应；如果听到巴赫、勃拉姆斯或贝多芬等的交响曲，胎儿的心跳次数及踢踏的次数就会增加；听到妈妈充满爱的轻吟低唱，婴儿会停止啼哭专注地注视着妈妈的眼睛，听到周围的乐曲，小孩子会用手舞足蹈表达自己的强烈情感……孩子从小都爱涂鸦，一支笔在他们的手中就成了魔法棒，不管画画的材质是否粗糙，画面是否清晰，只要看到笔所留下的痕迹就兴致勃勃。

3—4岁的幼儿，进入了音乐和绘画的敏感期。《指南》在“喜欢进行艺术活动并大胆表现”的目标下，对3—6岁幼儿艺术表现的形式和特点做了典型的表述。孩子喜欢进行艺术活动，家长要报以欣赏的态度；孩子对艺术的大胆表现，家长要予以积极的支持。成为幼儿活动的支持者、合作者、引导者是家长培养幼儿审美素养和创造力的正确途径。

首先做一个支持者。这种支持包含物质和精神两个方面。从物质层面说，家里要准备相关的材料，如彩笔、颜料、剪裁粘贴工具、不同类型的纸张、卫生的废旧材料、方便的音乐播放器、简单的表演道具或替代物等，创造机会和条件，引发支持孩子自发的艺术表现和创造。当孩子想用自己喜欢的形式，如绘画、手工、歌唱、表演等表情达意时，可以随时运用身边的材料进行活动。从精神层面看，还要营造安全的心理氛围，欣赏和回应孩子哼哼唱唱、模仿表演等自发的艺术活动，赞赏他独特的表现方式，让幼儿敢于并乐于表达表现。当孩子有了一些“艺术作品”，家长要提供可以展示的空间，如辟出一块“作品墙”，或者帮孩子制作一个“画册”等。有时候，“不管”就是支持，在孩子集中精力自主创作的时候，家长不要过多干扰，也不要把自己的意愿强加给孩子。特别是对于幼儿绘画不能简单地用“像不像”“好不好”等成人的标准来评价。对幼儿个性化的表达方式，家长要支持、鼓励，用孩子的眼光去感受，不轻易给予否定的评价。不能因为成人看不懂就说它不好，只需放手让他们画就可以了。因为成人的标准不一定就是正确的，很多儿童绘画比赛的获奖作品并不是那种成人式的造型表现，而是富于想象力的丰富表现，像“五颜六色的太阳”“月亮上面荡秋千”等。幼儿的世界是纯真的，无拘无束的，他们更多的是依靠直觉和想象来绘画，这种直觉和想象力对于艺术创作非常重要，而成人并不具备或早已失去。所以毕加索说，我能用很短的时间就画得像一位大师，却要用一生去学习画得像一个儿童。蒙古族著名画家、世界少儿艺术交流中心主席官其格认

为：真正的儿童画应当具有童真、童趣、童心，而当今的中国儿童画70%不是儿童画，是假的，是被老师、家长的意识形态所操纵的东西，没有做到尊重儿童心理，没有给儿童以画画的自由。对此，家长要进行认真的反思。

其次做一个合作者。经常和幼儿一起唱歌、表演、绘画、制作，共同分享艺术活动的乐趣。当然这里的前提是孩子喜欢你参加和邀请你参加。在“合作”的气氛下，无论你有没有艺术才能，都要放低身份，变成孩子的伙伴，一起唱、一起跳、一起画、一起做。真正以平等的、商讨的合作关系参与活动，多询问了解孩子的想法，是否需要帮忙？在孩子需要的时候再给予具体的适度的帮助。不要居高临下去教育孩子，也不要试图用自己的风格去影响孩子，甚至根本不用唱那么好画那么好，就是很随意地加入就可以了。可以找一个时间，开一个小型的家庭演唱会，让孩子做主持兼表演；也可以把他们喜欢的小故事编成短剧，家长和孩子共同表演角色……这些都会激发孩子无穷的表现欲和表现力。

最后做一个引导者。孩子无论多聪明，也都需要一个引路人。因为孩子的视野、经验毕竟有限，家长有义务引领孩子感受更多更优秀的艺术领域和门类，拓展孩子经验和视野，让孩子的想象力、创造力不断地螺旋式上升。比如，收集一些适合幼儿年龄的、经过剪辑处理的古典名曲、名画带幼儿欣赏，像《杜鹃圆舞曲》《水族馆》《山魔的宫殿里》《欢乐颂》《胡桃夹子选曲》《天鹅湖》等乐曲，《向日葵》《星夜》等名画。家长首先要明确“理解无对错”理念，先不要告诉幼儿作品表现的是什么形象、什么内容、什么感情，启发幼儿表达自己感受，这一过程恰恰是幼儿感知觉、记忆、想象、思维、言语等认识过程得到锻炼的机会，也是一种情感体验的机会。家长还可以让孩子尝试用作画的形式表现其对音乐的理解，想画什么画什么，画完以后再讲出来，以培养孩子艺术的通感和想象力。

在幼儿艺术教育方面，家长往往存在三个误区。一是认为艺术是“副科”，唱唱跳跳没啥用，也成不了艺术家，还不如从小多认些字，多学点

数学、英语更有用。其实像中小学一样，把各门学科人为地分为“主科”“副科”是错误的。音乐、美术对于激发想象、美化生活、提升品位、提高修养是非常重要的，很多科学家都有艺术方面的爱好或特长。而且，如果在幼儿阶段艺术教育刺激不够，即使孩子真的具有艺术天赋也会磨灭。第二个误区是“重创作轻欣赏”，这在上一讲里已经说到了。第三个误区是父母过早“定位”，过早地、简单地给孩子限定某种艺术形式。或者因为父母的特长和爱好，或者因为父母对孩子不一定正确的艺术评价。其实，过早定位很可能造成孩子的片面发展，对其真正的艺术潜能造成伤害。

案例分析

给孩子涂鸦的自由

所有的孩子都爱涂鸦，笑笑更是如此。两三岁的时候，她就拿着画笔到处画。雪白的墙上都是笑笑的“作品”，沙发上也留下了笑笑的笔迹。爸爸妈妈没有批评笑笑，爸爸还饶有兴趣地跟笑笑讨论起她“画作”的意义。四五岁的时候，爸爸从幼儿园接回笑笑，笑笑就在爸爸的办公桌旁画画，画了一张又一张，一画就是半天，还把自己的画编成故事讲给爸爸和办公室的阿姨听。在爸爸的鼓励和引导下，笑笑培养了爱画画的兴趣，初中的时候甚至有了创作动漫的梦想。这个爱好一直陪笑笑上了高中、大学。

孩子能“涂鸦”了，父母都是高兴的。可孩子到处乱画，有些父母就要限制了。一句“不许乱画”扼杀了多少孩子画画的兴趣；一句“画的什么”限制了多少孩子想象的空间。案例中的父亲，始终以欣赏的眼光看待女儿画画。他对女儿未必多加艺术上的指导，但给空间、给时间、给自由不也是很好的教育吗？如果有了足够的自由，多少孩子会像笑笑一样，把童年的爱好一直带到青年并有所成就呢？

亲子活动

蔬菜印画

1. 活动目的：培养孩子对颜色的兴趣，感受蔬菜印画的乐趣，丰富孩子的想象力和创造力。

2. 活动准备：莲藕、蘑菇、胡萝卜、花菜、葱头等蔬菜。白纸、颜料以及水果刀、笔、毛巾等。

3. 活动方法：(1) 家长拿出水果刀，另一只手拿花菜，让孩子猜一猜花菜切开后是什么样子，然后是其他蔬菜。引导孩子想象，如花菜切开像小树，蘑菇切开像小伞，胡萝卜切开像饼干…… (2) 家长拿出白纸和颜料，让孩子用这些蔬菜切开的截面蘸上颜料后有规律地印在白纸上，并用笔添加花朵或线条，组成不同的图案。最后让孩子自己去解释“画作”的意思。

4. 注意事项：(1) 颜料只蘸一种，不能一下蘸得太多；(2) 蔬菜不同切法的截面不同，画出的图案也就不同。(3) 孩子完成“作品”后，还可以用小印章或孩子的手印、指印等“签名”，写上年月日后留存。

绘本推荐

《颜色的战争》

每种颜色都有自己的个性。当他们碰到一起的时候，就发生了神奇的故事。这本书构思巧妙、极具创意，把色彩的知识融于一场颜色的战争中。它会告诉你其中的各种秘密：颜色是如何产生和变化的，各种颜色的象征意义是什么，让孩子在认识颜色的同时，建立对颜色的感性认识，感受色彩搭配的美妙。

（廊坊市直第一幼儿园张玉芝老师、广阳区第一幼儿园徐向红老师、广阳区第四幼儿园徐国娟老师参与编写）

第35讲 引导孩子创造美

《指南》原文

（二）表现与创造

目标2　具有初步的艺术表现与创造能力

3—4岁	4—5岁	5—6岁
1. 能模仿学唱短小歌曲。 2. 能跟随熟悉的音乐做身体动作。 3. 能用声音、动作、姿态模拟自然界的事物和生活情景。 4. 能用简单的线条和色彩大体画出自己想画的人或事物。	1. 能用自然的、音量适中的声音基本准确地唱歌。 2. 能通过即兴哼唱、即兴表演或给熟悉的歌曲编词来表达自己的心情。 3. 能用拍手、踏脚等身体动作或可敲击的物品敲打节拍和基本节奏。 4. 能运用绘画、手工制作等表现自己观察到或想象的事物。	1. 能用基本准确的节奏和音调唱歌。 2. 能用律动或简单的舞蹈动作表现自己的情绪或自然界的情景。 3. 能自编自演故事，并为表演选择和搭配简单的服饰、道具或布景。 4. 能用自己制作的美术作品布置环境、美化生活。

《指南》导读

幼儿都有着强烈的自我表现欲望，他们在日常生活中始终进行着积极的探索。艺术是他们展示自我、放飞理想的最好方式。幼儿的艺术表现力即使是初步的，也会深深打上个人的印记。他们不愿严守老师和家长的指导，而是希望发挥自我的想象，进行新的创作。这种表现力和创造力是非常可贵的，父母要注意加以保护和支持。哪怕孩子将来不从事艺术工作，也会对其他方面的发展产生积极的影响。

很多家长担心自己不懂艺术，无法指导孩子。其实这种担心大可不必。家长不是万能的，不可能去做孩子的艺术导师。只要做到帮助、鼓励、引导，不强制、不添乱就可以了。对此，《指南》给家长的教育建议主要有两点。

一是提供多种机会和丰富的材料。提供多种机会，让孩子接触多种艺术形式，前边几讲已经讲过。提供丰富材料，如图书、画册、照片、音乐作品、舞蹈视频、各种纸笔、绘画颜料等，让孩子根据自己的喜好去选择，用自己喜欢的方式去创作，大人不要做过多的要求。

二是以欣赏的态度对待孩子。每个孩子都是天生的艺术家，他们充满了想象力和创造力。在孩子专心制作、即兴表演的时候，家长更多地应承担起“观众”的角色，对孩子的每一个创意都表现出接纳、欣赏的态度，不论你是否能够看懂、听懂。不要把自己的想法和态度有意或无意地强加给孩子，影响孩子的表现。

在艺术教育方面，家长还要了解和注意以下几点：

1. 教歌不如听歌。孩子会唱的歌曲其实很多并不是老师、家长教会的，而是他自己听来学来的。所以，在家里无须家长刻意去教唱，特别是五音不全的家长更不要去误导。孩子自然会跟着电视机学唱一些连续剧里的歌，也可以随着电脑里的音乐播放软件来学歌。只要给孩子提供反复听歌的条件，在重复学习的过程中，他们是会熟记很多乐曲，吟唱很多歌曲的。而且，他们还可以根据这些曲调自己根据生活经验“填词”，或者模仿这些曲调“创作”出一两句自己的歌曲。

2. 作画不一定用画笔。有的家长认为绘画的工具就是各种纸和笔，这实际上是把画的范围看得太小了。日常生活中很多材料都可用来作画，而且各有画笔所不及的妙处。如吹墨画、手指点画、撕纸画、树叶画、毛线画、纸团印画以及植物果实、沙子石块、布条布块的粘贴画等。家长要充分挖掘各种材料，为孩子提供创造的广阔空间。当孩子海阔天空地进行想象时，当孩子把家里的废旧物品都用来艺术创作时，家长要积极鼓励，抽出时间跟孩子一起玩，还可以从孩子身上学到那些天真、有益的东西。

3. 尊重孩子画的颜色。当孩子对常见的颜色有了感知，可以区分颜色，当他们对周围的事物有了感情，他们对色彩的使用就开始自由大胆起来。他们可以根据自己的感情给周围的物体涂上不同寻常的颜色，对于他们喜欢和认为美丽的人或物还会以多种色彩来修饰。家长应鼓励孩子大胆地选择多种颜色来作画，尽量避免使用同一种色彩来表现，不要用生活中固有的颜色去限制孩子的思维。天空不一定是蓝色的，太阳不一定是红色的，小草不一定是绿色的，小鸡不一定是黄色的，只要孩子喜欢，就让他们以自己的情绪和理解去装扮周围的世界。

4. 绘本不光用来阅读。绘本固然是阅读材料，但它的作用远不限于此。很多绘本本身就是精美的画册，孩子从中可以获得绘画艺术的熏陶。绘本的内容包罗万象，绘本的风格也千差万别。既有写实的，也有幻想的，还有抽象的。由于绝大多数绘本属于童话类，所以其画风充满了童真和稚气，深受孩子们喜爱。孩子们读绘本，既可以提高阅读能力，也可以从中学到很多绘画技巧。家长在给孩子读绘本的时候，也要提示孩子关注其色彩、构图、视角等技法，将其作为绘画艺术的启蒙图书来学习、模仿。

5. 范画临摹要慎用。爱模仿是幼儿的天性，也是幼儿学习的重要手段。但是，在幼儿教育中需要提供条件、激发鼓励的，是幼儿感受和体验基础上的自发模仿；而需要慎用和限制的，是成人指引和局限基础上的被动模仿。所以，家长可以给孩子提供一些名家名作来欣赏，但没有必要给孩子提供范画让孩子照猫画虎。范画提供给幼儿的，往往是一种绘画的程式。严格按照范画来临摹，可能会磨灭孩子的想象力和创造力。简笔范画与其说是画，不如说是一种常见事物的象形符号。一旦学过了简笔画，这个形象就先入为主地进入了孩子的脑海，扼杀了他们对该事物的独特理解，束缚了他们的表达，而有些幼儿涂色书更是固化儿童思维，局限色彩的运用。因此，《指南》的“教育建议”中指出：“幼儿绘画时，不宜提供范画，特别不应要求幼儿完全按照范画来画。”当然，绘画不宜临摹范画，而欣赏还是要有“范画”的。正是在对那些名家名作的欣赏中，孩子理解了美，也有了表现美的冲动。在名家名作的引导下，孩子会为喜欢的景物写生，或者会自发地、同时又带有创新意味的再现名作，而这是值得提倡的。

6. 各种领域互相结合。艺术领域的教育不是孤立进行的，它可以和其他教育领域有机结合，以取得更全面、更实际的效果。比如，很多体育游戏都配有好听的乐曲，很多图书里都有好看的绘画。到剧场看歌剧、舞蹈，同时也是一种社会实践活动。到大自然中远足，既可以带上画板即兴画上几笔，也可以尽情地唱起《小燕子》《春天在哪里》，还可以捡拾一些花瓣树叶作为绘画的材料……总之，可以引导孩子在生活中发现美和表现美。

7. 不要强迫孩子学特长。特长教育对孩子来说，有其积极的一面。但很多幼儿进特长班学习，恐怕完全是家长的一厢情愿，并非出于孩子的兴趣爱好。有的家长出于从众心理，盲目攀比；一些家长出于功利思想，急功近利；一些家长出于补偿心理，希望孩子实现自己未竟的艺术之梦；还有一些家长就是出于懒惰，目的就是让特长班的老师给他“看孩子”……这些都是极不正常的心理。要知道，孩子毕竟是孩子，贪玩好耍是他们的天性。如果让过多的特长班挤占了孩子玩的时间，就会剥夺孩子的快乐，不但收不到应有的教育效果，反而会阻碍孩子的健康发展。

案例分析

巧巧的周末

巧巧是个六岁的小女孩，她最怕过周末了。因为妈妈一口气给她报了四个特长班，英语、舞蹈、游泳和钢琴。巧巧根本没有自己的时间，妈妈也是天天开着车东西南北地接送。妈妈认为，英语是必须学的，长大了大家都说英语，学不好就找不到好工作；女孩子从小就要养成形体美和高雅的气质，所以游泳和舞蹈也要学。学钢琴是为了培养孩子的乐感，长大有什么烦心事，可以通过弹琴放松心情。为了让孩子“学有所成”，每天晚上，妈妈都跟孩子说上一段英语，还要陪着练一个小时的钢琴。巧巧很无奈，不过，她也有一套对付妈妈的方法，“我最讨厌学钢琴了。每天晚上妈妈叫我练琴的时候，我就假装上厕所。在厕所里磨蹭一会儿，出来后又说想打喷嚏、流鼻涕，妈妈就同意我去拿餐巾纸擦一下，这样又磨蹭一会儿。坐下弹钢琴了，我又说想喝水，又耽误一些时间。一个钟头很快就过去了。”

这个案例中，家长的出发点可能是好的，说真的也很辛苦，但却忽视了孩子的认知特点、心理感受和身心承受能力。这些特长班，孩子是否都感兴趣？即使感兴趣，是否又学得太多太累？当一个小孩的学习生活比成年人还要忙时，家长不应该反思一下自己的所作所为吗？当看到孩子烦躁甚至反抗的行为时，家长不应该检讨一下自己的行为吗？要知道，幼儿的童年应该是快乐的，应该给未来的学习生活留下充足的身心空间。如果孩子从小就厌学，就认为学习是一件痛苦的事，那就很难指望将来他去好好学习，更不用说取得什么成绩了。

亲子活动

瓜果艺术画

1. 活动目的：培养孩子的艺术想象力和创造力。

2. 活动准备：水彩颜料、瓜子花生壳、画纸、胶水。

3. 活动方法：(1) 家长让孩子将各种瓜子壳、花生壳凭借自己的喜好和想象，在画纸上粘出各种图案。(2) 引导孩子用不同的颜料给自己的“瓜果艺术画”添上色彩。

4. 注意事项：(1) 构图可以从简单的事物做起，如果孩子一时想不好，家长可以进行引导，但不要代替孩子想象；(2) 启发孩子用瓜子壳的正面和反面配合构图；(3) 孩子完成“作品”后，让他说出自己的创意，家长给予充分的肯定和鼓励。

绘本推荐

《玛修的梦》

小老鼠玛修一家住在简陋的阁楼里。爸爸妈妈很穷，他们希望玛修成为一个名医，能给家里带来富裕的生活。可玛修的一次美术馆之旅激起了他的画家梦。玛修开始了辛勤的努力，他在画布上画满了欢快的形状和色彩。最后，玛修终于成功了。读了这个绘本，孩子们不仅可以画玛修的画，还可以做玛修的梦。

（廊坊市广阳区第一幼儿园徐向红老师、广阳区第四幼儿园徐国娟老师参与编写）

第36讲
培养孩子好习惯

当前，幼儿园教育一个很大的问题就是“小学化”，也就是过早地让孩子学习小学的知识。其实，引发这一现象的原因主要在家长。很多家长生怕孩子将来上了小学“跟不上”，希望孩子在“起跑线”上就开始抢跑，以保持小学时的“先发优势”。因此，他们对那些以游戏为主要活动形式的规范化幼儿园置之不理，而对天天上课的什么“英才”“双语”幼儿园趋之若鹜。在他们眼里，汉字学得越多越好，数学学得越难越好，外语学得越早越好，美术画得越像越好，音乐能够考级最好。一句话，游戏玩耍没有用，上幼儿园就得学知识、练特长。家长这种急于求成的心情可以理解，但这种“抢跑”的做法却并不科学。因为它违背了幼儿的身心发展规律。

很多教育家早就对此提出了批评。法国著名教育家卢梭有一句名言：“大自然希望儿童在成人以前就要像儿童的样子。如果我们打乱了这个次序，我们就会造成一些早熟的果实，它们既不丰满也不甜美，而且很快就会腐烂。我们将造成一些年纪轻轻的博士和老态龙钟的儿童。”孟子也说过“其进锐者，其退速”。“抢跑优势”往往不能坚持多长时间，反而会给后来的发展带来负面影响。很多事例充分证明，过早的知识传授违背幼儿的发展规律，过多的知识灌输影响幼儿的全面发展，单纯的知识积累妨害幼儿的后继学习，错误的知识记忆产生不良的学习后果。

《指南》颁布的前一年，2011年12月，教育部专门下发了《关于规范幼儿园保育教育工作　防止和纠正“小学化”现象的通知》（以下简称《通知》）。《通知》提出，幼儿园教育要遵循幼儿的年龄特点和身心发展规律，“坚持以游戏为基本活动，灵活运用集体、小组和个别活动等多种形式，锻炼幼儿强健的体魄，激发探究欲望与学习兴趣，养成良好的品德与行为习惯，培养积极的交往与合作能力，促进幼儿身心全面和谐发展。”

而制定《指南》的目的，也是为了帮助广大幼儿园教师和幼儿家长了解3—6岁幼儿学习与发展的基本规律和特点，促进保育教育的科学化，克服“小学化”的弊端。通读《指南》之后，我们可以发现，其中的32个发展目标和87条教育建议，没有哪一条是指向机械性、记忆性的知识学习的。

幼儿教育的主要任务是什么？是使幼儿“在快乐的童年生活中获得有益于身心发展的经验”，“为幼儿一生的发展打好基础”（《纲要》）。我们认为，幼儿教育归根到底，就是要通过快乐的教育让孩子养成良好习惯。

中国有句古话“三岁看大，七岁看老”，就是说孩子从幼儿时期到七八岁的时候，是形成基本习惯和行为规范的阶段，也基本上能看出一个人未来的性格，进而可以推测出他未来的发展。所以，幼儿时期培养良好习惯非常重要。

幼儿应该培养哪些方面的习惯呢？

1996年，国际21世纪教育委员会向联合国教科文组织提交了《教育——财富蕴藏其中》的调查报告，里边提出了教育的四大支柱，就是学会认知、学会做事、学会共处、学会生存。同样，幼儿教育所培养的习惯也着眼于这四个方面，即生活习惯（生存的基础）、行为习惯（做事的基础）、学习习惯（认知的基础）和交往习惯（共处的基础）。《指南》里面的多数发展目标其实就是这些习惯。

家庭是培养习惯的学校。幼儿习惯，特别是生活习惯、行为习惯和交往习惯主要靠家长来培养。目前，父母在培养幼儿习惯方面存在什么问题呢？

用新东方教育集团总裁俞敏洪的话说，“现在的父母一般只做两件事情：一件事是，一到八岁的时候把孩子当作宠物养。这个阶段是孩子形成行为习惯、思维习惯的时期，但是很多家长不注重良好习惯的养成，只顾自己好玩。结果，八岁以后再做第二件事：不停地纠正孩子，却发现已经非常困难了。”也就是说，现在的家长对孩子的习惯养成不是太关心，就知道娇生惯养；等孩子真正大了，很多习惯已经养成，已经不好管了。

那么，父母在培养幼儿习惯方面应该怎样做呢？我们认为主要应做到以下六点。

一、立规矩，具体明确。好习惯往往就是为人处世的种种规矩。说到“立规矩”，有的家长可能会说“孩子还小，不能管得太多”。其实这种观点并不正确。孩子当然需要自由，需要发展天性，但同时也要守规矩，不能为所欲为。只有从小“立规矩”，长大才能“知礼节”。《弟子规》里面全是规矩，讲了在家、在外、待人接物、为人处世、求学求知等诸多方面应具备的礼仪与规范，对于提高个人修养很有帮助。同时，立规矩要讲清楚，不能太笼统太模糊。特别因为孩子小，理解力差，所以必须具体，易懂易学。比如说“对人要有礼貌”“看书要专心”，就很不明确，不如说成“家里来人要打招呼”“不能一边看书一边听音乐”等。

二、抓重点，持之以恒。需要孩子遵守的规矩可能很多，但如果不分轻重缓急，一股脑地套在孩子头上，就会让孩子动辄得咎，失去自由。所以，“立规矩”也要看年龄、分场合、抓重点。《指南》提出了不同年龄段孩子应该达到的基本目标，家长可以拿来作为参考。当然，由于孩子年龄原因一时做不到的也不要过分强求。“立规矩”要顺时而立、顺势而为，不分时间、地点，一味对孩子提要求，也达不到好的效果。要找出对孩子身心发展最重要的那些习惯，重点培养，坚持经常，不能一阵风，不能三天打鱼两天晒网。有专家分析，形成一个好习惯至少要 21 天的时间，所以在一段时间内应重点培养一两个好习惯，让孩子真正记住并坚持下来。在培养习惯的过程中不能操之过急，要允许孩子有欠缺、有反复，给孩子提供进步的扶手和阶梯。当孩子按照“规矩”去做时，家长应及时给予肯定，以便正面强化。有了这种强化，良好习惯就容易逐步养成。

三、树榜样，以身作则。孩子是父母的影子。不光长相随父母，行为举止同样随父母。在教育孩子时，父母以身作则非常重要。要想培养孩子好习惯，父母先要看自己有没有不好的习惯。古人云“其身正，有令则行；其身不正，虽令不从。”就是这个道理。孩子的很多习惯并不是父母命令出来的，而是日常言行影响出来的。在父母的耳濡目染中，孩子会由被动的模仿逐渐形成主动的、自觉的行为。因此，父母的言行不可不慎，不能要求孩子一套而自己另做一套。要求孩子懂礼貌，父母就要说话文明，待人热情，无论是在家里还是带孩子到公共场合，都要给孩子树立一个好的榜样。要恰当使用礼貌用语，说话讲究态度和方式，不说脏话、粗话、狠话。希望孩子好学，父母首先要好读书爱学习。家长天天读书看报，耳濡目染，孩子也会逐渐爱上书。家长天天有空就是看电视、打游戏、玩手机，孩子也会扔下图书去学家长。有人说“只有家长好好学习，孩子才能天天向上”，这是很有道理的。

四、好习惯，表扬鼓励。孩子都是喜欢得到表扬的。孩子有了好的表现，家长一定要及时肯定，鼓励夸奖，同时告诉孩子怎样做会更好，让孩子产生积极愉快的成功体验。即使一时做得不够好，也要给予鼓励，同时辅以一定的指导，提出改进的建议。表扬鼓励不能光是口头说，还可以适当搞些“物质刺激”。比如，可以根据家庭条件和孩子爱好，买些食物、衣服和玩具，但要注意不能养成孩子为了吃穿而做“好事”的习惯。物质奖励要有意义，如买书、旅游就是很好的选择。

五、坏习惯，防微杜渐。好习惯要从小培养，坏习惯也要从小遏制。对于那些不能原谅的坏习惯，如无理取闹、说谎骗人、打人骂人、小偷小摸、故意破坏等，父母不能视而不见，一定要及时纠正，一次都不能宽恕。有些家长认为孩子小，有些毛病没什么，“树大自然直”，不加批评、不加制止，殊不知“冰冻三尺非一日之寒”“千里之堤毁于蚁穴”。很多成人犯罪，其根源都可以追溯到童年。著名教育家叶圣陶先生曾说：“两种习惯养成不得。一种是不养成什么习惯的习惯，又一种是妨害他人的习惯。”当然，有些习惯如懒散、马虎、不爱劳动、不讲卫生等，跟上面那些坏习惯性质不同，倒可以稍微宽容一些，慢慢来、慢慢管。

六、一致性，强弱得体。父母教育孩子，具体方式可以不同，但观念、态度必须一致。不能一个白脸一个红脸，一个说东一个道西。那样会让孩子无所适从，同时也会降低父母的权威，情况严重的还会造成孩子的双重人格，在妈妈面前一个样，在爸爸面前另一个样。正如陶行知先生在为陈鹤琴先生《家庭教育》一书所写的评论中所说：“父亲往往失之过严，母亲往往失之过宽。父母所用的方法是不一致的，虽然有时相成，但流弊未免太大。因为父母所施方法之宽严不同，子女竟至无所适从，不能了解事理之当然。并且方法过严则易失子女之爱心，过宽则易失子女之敬意。这都是父母主张不一致的弊病。”年轻父母要把培养孩子作为家里的头等大事，经常沟通讨论。当父母意见还没取得一致时，宁可不去教育孩子。现在“隔代抚养”较为普遍，往往是四个祖辈看护孩子，再加上父母，形成了“2＋4”的家教团队。这就更有必要加强沟通，尽量保持一致。当然，这个“一致”不能是娇惯的一致，否则就会把这么多的关爱变成一种伤害，把孩子惯坏。现在有些爷爷奶奶带孩子容易产生“补偿心理”，他们年轻时因为工作忙给儿子的关爱不够，现在有了时间或者已经退休，则把对儿子的歉疚补偿在孙子身上，百般呵护关爱，甚至都不愿放手交给小夫妻，造成父母与爷爷奶奶“争抢”孩子的问题，这就更不必要了。祖辈一定要记住教育孩子不能“越位”、不能代劳，孩子的教育必须要以父母为主。当然，小夫妻也不能为了“偷懒”，把孩子推给祖辈。另外，父母教育孩子要有强有弱。该讲的规矩必须讲，不良的习惯必须管。惩罚是可以的，也是必要的，但要注意惩罚不能过分，次数也不要过多。要做到“语言惩罚讲文明，动作惩罚不伤害”。孩子的年龄、性别、性格不同，惩戒的形式也要有所不同。父母有时候还要学会“示弱”，特别是母亲，自己感觉疲劳或身体不适的时候往往正是培养孩子“懂事”“长大”的好机会，可以此为契机，引导孩子理解大人、体贴大人，替大人分担困难，主动做些力所能及的事情。

良好习惯的养成可以使人终生受益。美国心理学家威廉·詹姆士有一句名言：“播下一个行动，收获一种习惯；播下一种习惯，收获一种性格；播下一种性格，收获一种命运。”俄国教育家乌申斯基对习惯做了一个形象的比喻，他说：“好习惯是人在神经系统中存放的资本，这个资本不断增值，而人在其整个一生中就享受着它的利息。而坏习惯是道德上无法还清的债务，这种债务能以不断增长的利息折磨人，使他最好的创举失败，并把他引到道德破产的地步。”家长在学习、实践《指南》的过程中，一定要注意孩子良好习惯的养成，修正德树正气，以保证他们的一生都走在健康发展的道路上，最后“赢在终点线”。

案例分析

一等奖的忧虑

小迪是我市某小学二年级女生。在青少年爱国主义教育读书活动展示中，她因在市赛、省赛中表现突出，最后代表河北省参加在北京举办的全国性比赛，获小学组讲故事大赛一等奖。

小迪从小机灵聪明，妈妈为了培养好女儿，辞去工作当起了家庭主妇。她对小迪的关心无微不至，学习上帮助指导，生活上更是亲力亲为。小迪快10岁了，每天还是妈妈给穿衣服，饭菜是妈妈尝了凉热才端给她，吃鸡蛋是妈妈剥好皮，喝酸奶是妈妈插好吸管，家务从不让小迪做，真算得上“饭来张口，衣来伸手”。去省会参赛时，本来不让家长陪同，全市组队一起出发、集中住宿。可妈妈不放心，亲自开车送孩子到石家庄，跟孩子住在了一起。去北京比赛，主办方不让家长陪同。妈妈跟随队前往的读书活动组织者、市新华书店徐主任好说歹说，非得找一个初中的女生跟女儿同住，还让这个“大姐姐”照顾好“小妹妹”的吃饭穿衣。就这样妈妈还不放心，偷偷地在活动场地附近租了宾馆。比赛的那天早晨硬是磨着徐主任见了女儿一面嘱咐了几句……赛后徐主任问小迪，自己的事情能不能自己做？小迪说多数都能自己做，但妈妈坚持不让她做，所以自己也就乐得偷懒了。

小迪得了一等奖固然是好事，可小迪妈妈的做法着实令人担忧。小迪的语言表达能力无疑是一流的，可如果在生活上妈妈什么都不让她做，久而久之，小迪的生活自理能力如何发展起来呢？生活自理都成问题，将来离开了妈妈的庇护，如何跟别人交往，如何在社会上立足呢？案例中的妈妈究竟是爱孩子还是害孩子呢？不要以为我们给孩子所做的一切都是在疼爱孩子。正如山西通宝育杰学校校长詹文龄所说：“许多家长正是在诚心诚意地追求教育孩子走向成功的目标中，‘认认真真’地引领孩子走向了失败！”

家庭教育，家长不可不慎！

绘本推荐

《一定要比赛吗?》

这是一本发人深省的图画书。其实它并不是给孩子们看的，而是献给家长的。当今社会，很多家长都信奉“不能让孩子输在起跑线”的理论，千方百计想让孩子在“起跑线”上“抢跑”。正像书中所表述的，这让孩子从小就生出很多的疑惑：“真的是所有人都在比赛吗？是不是从我出生起就开始比赛呢？我到底是骑马的人还是一匹马？是不是有的人会赢，有的人会输？我为什么参加比赛？赢了能得到什么奖品，输了又会怎么样？在奔跑中我能学到什么？这是不是一场短跑？我为什么冲刺了这么久这么久？难道正是因为我使劲跑呀跑，地球才会转个不停？”你看，孩子背负着这么多问号这么多“包袱”，能够健康成长吗？最后作者告诉我们：“其实输赢并不重要，让我们一起把世界变得多姿多彩。”那么到底什么对孩子最重要？请记住：孩子健康懂事最重要，幸福快乐最重要！

参考文献

1. 中华人民共和国教育部制定．3～6岁儿童学习与发展指南［M］．北京：首都师范大学出版社，2012.

2. 中华人民共和国教育部制定．幼儿园教育指导纲要（试行）［M］．北京：北京师范大学出版社，2001.

3. 李季湄，冯晓霞主编．《3－6岁儿童学习与发展指南》解读［M］．北京：人民教育出版社，2013.

4. 李季湄主编．《3－6岁儿童学习与发展指南》实施问答［M］．北京：北京师范大学出版社，2014.

5. 宏章家庭教育研究所主编．3～6岁儿童学习与发展父母大讲堂（6册）［M］．北京：首都师范大学出版社，2012.

6. 陈鹤琴．家庭教育［M］．上海：华东师范大学出版社，2006.

7. ［意］玛丽亚・蒙台梭利．童年的秘密［M］．北京：中国妇女出版社，2012.

8. ［英］赫伯特・斯宾塞．斯宾塞快乐教育书［M］．北京：中国妇女出版社，2009.

9. ［美］Rosalind Charlesworth，Karen K. Lind. 幼儿数学与科学教育［M］．第4版．李雅静，等译．北京：北京师范大学出版社，2011.

10. 李子勋．家庭成就孩子——李子勋的后现代亲子课［M］．北京：中信出版社，2011.

11. 赵忠心．给年轻父母的一百个建议［M］．北京：学苑出版社，2011.

12. 孙瑞雪．爱和自由［M］．北京：中国妇女出版社，2013.

13. 孙瑞雪．捕捉儿童敏感期［M］．珍藏版．北京：中国妇女出版社，2013.

14. 保冬妮．宝贝儿，我们一起走进图画书［M］．北京：外语教学与研究出版社，2009.

15. 彭懿．世界图画书阅读与经典［M］．南宁：接力出版社，2011.

16. 彭懿．图画书应该这样读［M］．南宁：接力出版社，2012.

17. 钱志亮主编．入学早知道——儿童入学必备的八种能力［M］．北京：北京师范大学出版社，2011.

18. 小雨姐姐．怎样给孩子讲故事［M］．南宁：接力出版社，2014.

19. ［美］约翰·格雷．孩子来自天堂——正面养育的5个原则和技巧［M］．北京：中信出版社，2012.

20. ［美］塞西·高夫，戴维·托马斯，梅丽莎·切瓦特桑．遇见孩子，遇见最好的自己［M］．北京：新世界出版社，2014.

21. 边玉芳．读懂孩子——心理学家实用教子宝典（0－6岁）［M］．北京：北京师范大学出版社，2014.

22. 冯夏婷主编．透视幼儿心理世界［M］．北京：中国轻工业出版社，2015.

23. 林怡．林怡教你玩游戏［M］．北京：中国少年儿童出版社，2008.

后记

献给幼教，献给家长

书稿终于赶在“六一”儿童节前完成了。放下笔来，我感到了一种身心的清爽。

这本书是献给幼教的。

从事幼教管理工作17年，我从一个十足的门外汉到如今对幼教有了自己的理解和思考，可以到幼儿园走一走，看一看教育活动，跟园长和老师们做些交流和研讨，我要深深地感谢幼教。

忘不了当初刚刚接触幼教时，廊坊市直第一幼儿园那位全国优秀教师告诉我，幼儿园教育不同于中小学教育，要讲“体、智、德、美”；忘不了2000年3月我到唐山市第一次参加幼教会议，参观唐山市第一幼儿园、第四幼儿园，听幼教专家冯晓霞教授阐述幼教理念，评点环境创设，被来自全国各地“幼教人”的活力与热情所感动；忘不了当年刚刚分管幼教时，秦皇岛市教育局幼教教研室一位大姐告诉我：幼教是一份值得琢磨、也能琢磨出点事来的工作；忘不了这些年在全省各地幼儿园参观、检查中所收获的知识和感情，正是这份工作使我跟省内一些知名的园长成为朋友；忘不了2015年7月有幸在国家教育行政学院参加全国学前教育管理干部进修班，聆听了韦钰、霍力岩、刘焱、佟丽华等专家的讲座，与全国各地幼教同仁共同研讨幼教发展；更忘不了多年来廊坊市各幼儿园，特别是廊坊市区幼儿园的园长和老师们对我工作的支持和帮助。

教育管理的过程就是学习和思考的过程。“学，然后知不足。”“知不足，然后能自反也；知困，然后能自强也。”这些年我读了不少幼教理论和实践方面的书，特别对于近年来颁布的教育政策法规，更是逐字逐句地学习、研究。本书就是对《3－6岁儿童学习与发展指南》的学习体会。在本书编写中，我学习和参考的书籍，附在了后面开列的参考文献中。

这本书是献给家长的。

家长是幼儿的第一任教师，也是终身的教师。家长的教育理念和教育行为对幼儿早期的学习与成长起着至关重要的作用。当前，很多家长对于孩子成长都非常重视。但是，由于学识素质参差不齐，特别是受到“不能让孩子输在起跑线”口号的误导，出现了过度教育、应试教育、功利教育等不少违背幼教规律的问题，影响了幼儿的健康成长。教育部编制《3－6岁儿童学习与发展指南》的目的之一，就是在全社会普及科学的育儿知识，树立正确的儿童观、质量观和教育观，引导家长更新教育观念，自觉纠正和抵制那些急功近利、拔苗助长的错误观念和做法，与幼儿园积极配合，做好幼儿教育工作。

关于《3－6岁儿童学习与发展指南》（以下简称《指南》），一些专家和学者做了深入解读，但主要还是面向幼儿园教师。我在研读《指南》过程中，曾到一些幼儿园做过家长讲座，看到很多家长的学习热情和求知渴望，觉得很有必要就《指南》编写一册家长读本，提供一些育儿方法上的参考和帮助。从去年起，我与廊坊市区幼儿园的园长和老师们一起，分专题学习、研究《指南》，组织家长沙龙，在报刊上发表文章，在“环京津新闻网”做家教访谈，宣传《指南》理念，得到了家长的好评。在此基础上，我设计了36讲的提纲，开始了本书的编写。

这本书是廊坊市《指南》实验区幼教工作者集体智慧的结晶。廊坊市直第一幼儿园、第二幼儿园和广阳区第一幼儿园的园长和部分老师参与了编写，把他们多年好的幼教工作的经验和家教工作的做法融入其中。柴美艳、杨素英、郑宏伟、贾文华、吴晶玉几位园长和王大扣、董瑞敏、周超、张玉芝、徐向红几位主任帮助审阅了部分书稿，提出了很好的建议。市直第二幼儿园的李玥彤老师为本书各讲精心设计了插图。没有他们的帮助，这本书就很难编写成功。

在此，也向关心本书编写的河北省教育厅基础教育处的领导，向鼓励我编写的省内幼儿园园长和幼教同仁一并表示感谢。北京师范大学出版社的张丽娟副主编始终关注着本书的编写，提供了宝贵的资料和很好的建议，为本书出版给予了积极的帮助；在与张老师的沟通中，我也学到了她严谨细致的作风和精益求精的精神。在此表示衷心的感谢。

本书所用案例和亲子游戏，参考了一些幼教书刊以及网上的资料。有的案例选自全国“学前教育宣传月”活动中教育部分享的资料，有的来自廊坊各县、市幼儿园的老师和一些热心家长的提供。在此特别说明并表示感谢。

最后，还要感谢我的爱人和女儿。爱人是一位称职的妻子和母亲，也是一位优秀的教师。她不仅支持鼓励我写作，还从母亲、老师的角度提出了不少宝贵意见。书中一些案例源于女儿云峥童年的故事，现在女儿已经成家。她认真阅读了本书各讲，并对书稿做了一些修改。女儿就要做妈妈了，这本书也算是我送给女儿的一份礼物吧。

讲座写出来，自然是给家长看的，但我并不希望家长们去按图索骥、照猫画虎。《指南》的“说明”中有一条重要原则就是“尊重幼儿发展的个体差异”。当然，在家庭教育中也要考虑家长和家庭环境的“个体差异”。从来就没有包治百病的金方良药，也没有包教万人的教育方法。《指南》既是原则也是参考，编者的导读当然就更是参考。重要的还是按照家庭教育的基本理念，从家长和孩子的实际情况出发，真正用心智去探求适合自己孩子的教育方法。

《3—6岁儿童学习与发展指南》的篇幅虽然不长，但意蕴深厚，需要长期研究和实践。本书只是编者粗浅的学习体会，限于理解能力和专业水平，难免有陋误之处，诚恳希望得到各位专家、同仁和家长朋友的指正。

编者博客：http://blog.sina.com.cn/jx64jxsk

编者邮箱：wodeyoujiao_6416@126.com

赵建新

2016年5月28日